MANUEL

DE LA

RESPONSABILITÉ

ET DE LA

DISCIPLINE

DES OFFICIERS MINISTÉRIELS

AUXILIAIRES DE LA JUSTICE

IMPRIMERIE DE E. AUBERT

6, avenue de Sceaux, 6.

[illegible handwritten signature]

MANUEL

RESPONSABILITÉ

ET DE LA

DISCIPLINE

DES OFFICIERS MINISTÉRIELS

AUXILIAIRES DE LA JUSTICE

PAR

Gustave DUTRUC

Avocat, ancien magistrat,
Rédacteur en chef du *Journal des Avoués*, du *Journal des Huissiers*
et de plusieurs autres recueils judiciaires.

VERSAILLES

CHEZ L'AUTEUR, BOULEVARD DE LA REINE, 33.

—

1885

INTRODUCTION

Il n'existe pas entre les auteurs un accord parfait sur l'étendue de l'application que doit recevoir l'expression *Officiers ministériels;* mais ce qui ne saurait être contesté, c'est que les seuls officiers ministériels qui puissent être regardés comme les véritables auxiliaires de la justice sont, en première ligne, les avoués et les huissiers, qui concourent à l'œuvre des tribunaux, ceux-là, en représentant les parties devant les juges de l'un ou l'autre degré de juridiction, ceux-ci en faisant les significations judiciaires, et en procédant à l'exécution forcée des jugements et arrêts, et en seconde ligne, les greffiers, qui se trouvent, de leur côté, associés à l'exercice du pouvoir judiciaire par la mission qu'ils ont reçue d'écrire les décisions du juge, d'en demeurer dépositaires et d'en délivrer des expéditions aux parties (Voy. Garsonnet, *Précis de proc. civ.*, n°s 97 et suiv.; Bonfils, *Traité élément. d'organis. judic., de compétence et de proc. en mat. civ. et commerc.*, n°s 238 et suiv., 252 et suiv., 263 et suiv.).

Les autres officiers publics qui, d'après une opinion assez accréditée, doivent être compris aussi dans la dénomination d'officiers ministériels, c'est-à-dire les notaires, les commissaires priseurs, les agents de change, les courtiers de commerce, remplissent des fonctions qui ne se rattachent à l'ordre judiciaire que par des rapports éloignés, et ne sauraient, pour ce motif, être rangés parmi les auxiliaires proprement dits de l'autorité judiciaire.

Ce sont les graves et difficiles devoirs des officiers ministériels de la première de ces deux catégories qui m'ont semblé appeler une étude sommaire au double point de vue de la responsabilité et de la discipline.

Bien que des esprits tourmentés par un désir excessif de simplification de notre rouage judiciaire et de diminution des frais de justice n'aient pas craint de mettre en question l'utilité et le maintien tantôt de l'institution des avoués, tantôt de celle des huissiers, il est impossible, quand on envisage sérieusement l'objet de chacune de ces deux institutions, de méconnaître qu'elles répondent à une des plus impérieuses exigences de l'administration de la justice. Je n'entreprendrai pas de démontrer ici cette vérité, qui ne rencontre plus guère, du reste, de contradicteurs. Il me paraît suffisant et plus à propos de m'en tenir à la protestation que mon livre, par son but même, élève contre l'opinion dissidente.

Dans le délicat exercice de leur profession, les avoués

et les huissiers ont à observer de nombreuses règles légales ou morales, sur la portée desquelles ils ne sont pas
toujours fixés, et qu'ils ne peuvent enfreindre sans encourir une responsabilité périlleuse pour leur fortune ou
des peines disciplinaires menaçantes pour leur honneur.

Ce double danger, auquel leurs fonctions les exposent
incessamment, est pour eux un sujet de légitime inquié-
tude. Combien de fois, comme directeur du *Journal des
Avoués* et du *Journal des Huissiers*, n'ai-je pas reçu, de
la part d'abonnés de ces recueils, la confidence des
craintes ou des embarras dans lesquels les plongeaient
une demande en dommages-intérêts formée contre eux à
raison soit d'une nullité d'actes de procédure qu'on leur
imputait et qui leur paraissait douteuse, soit d'une omission qu'on leur reprochait et dont ils contestaient le caractère fautif ou les conséquences dommageables, ou
une poursuite disciplinaire dont ils étaient l'objet pour
des faits présentés comme constituant des manquements
à leurs devoirs professionnels et qu'ils croyaient licites!

J'ai pensé qu'un livre qui, en s'inspirant des solutions
de la jurisprudence et de la doctrine des auteurs, d'une
part, déterminerait avec soin les cas dans lesquels est
engagée la responsabilité de ces officiers ministériels, et
préciserait exactement les limites de cette responsabilité,
et, d'autre part, exposerait d'une manière concise et
claire à la fois les principes de la discipline à laquelle ils
sont soumis, leur rendrait de réels services.

L es obligations imposées aux greffiers en leur qualité d'officiers ministériels (on sait qu'ils ont, en même temps, celle de fonctionnaires publics, comme recevant un traitement de l'Etat) leur créent aussi une situation délicate et très digne d'intérêt. L'étude des règles de la responsabilité et de la discipline en ce qui les regarde s'offrait également à mon esprit quand j'ai conçu l'idée de ce *Manuel*. Toutefois, comme elle ne se reliait pas d'une manière très étroite à celle des principes du même ordre qui concernent les avoués et les huissiers, et qu'elle me paraissait être d'une opportunité moins pressante, j'ai cru pouvoir l'ajourner, sans que mon livre dût être, pour cela, trop incomplet.

Un mot, en terminant, sur le plan que j'ai suivi.

Quoique, sous beaucoup de rapports, les avoués et les huissiers soient régis, quant à la responsabilité et quant à la discipline, par des principes semblables, j'ai considéré comme nécessaire d'exposer séparément les notions, même d'une application commune, qui intéressent chacune des deux professions, afin d'en rendre l'exposé plus clair et plus saisissant pour les officiers ministériels de chaque classe, en ayant soin seulement, pour éviter les répétitions autant que possible, de renvoyer de l'étude concernant les uns, aux développements présentés dans l'étude consacrée aux autres, lorsque apparaît l'identité de règles et de solutions.

J'ai dû, dès lors, diviser l'ouvrage en deux parties,

do nt l'une traite successivement de la responsabilité et de la discipline des avoués, et l'autre, successivement aussi, de la responsabilité et de la discipline des huissiers.

Dans chacune de ces parties, le chapitre de la responsabilité est celui qui présente le plus de développements. J'ai cherché à y mettre la clarté désirable, non seulement à l'aide de subdivisions méthodiques pour les notions générales, mais, de plus, en adoptant, pour l'exposé des cas divers de responsabilité, la forme du répertoire alphabétique, qui permet de trouver promptement la solution qu'on a en vue.

Je n'ai pas besoin de dire que ce n'est point un traité approfondi de la responsabilité et de la doctrine des avoués et des huissiers que j'ai prétendu offrir au public judiciaire; j'ai voulu seulement, et je serais heureux si j'y avais réussi, mettre sous la main de ceux qu'intéresse cette importante matière, un résumé fidèle et raisonné des règles auxquelles la loi, d'un côté, la jurisprudence et la doctrine, de l'autre, l'ont soumise.

EXPLICATION

DES

PRINCIPAUX SIGNES ET ABRÉVIATIONS

J. Av. — *Journal des Avoués.*

J. H. — *Journal des Huissiers.*

S. — Recueil de jurisprudence de Sirey.

S., coll. nouv. — Collection nouvelle des arrêts antérieurs à 1831, de Sirey.

D. p. — Recueil périodique de jurisprudence de Dalloz.

Chauveau, quest. — Chauveau, *Lois de la procédure civile,* question...

S. Alph. L. proc. civ. — Mon *Supplément alphabétique aux Lois de la procédure civile.*

Formul. annot. — Mon *Formulaire annoté à l'usage des Huissiers.*

PREMIÈRE PARTIE

RESPONSABILITÉ ET DISCIPLINE DES AVOUÉS

CHAPITRE Ier

Responsabilité des Avoués.

§ 1er. — RESPONSABILITÉ DÉRIVANT DU DROIT COMMUN.

I. *Origine et durée du mandat de l'avoué.*

1. Le mandat en vertu duquel les avoués représentent les parties en justice n'a pas besoin d'être exprès. Dans maintes circonstances, la nécessité d'agir promptement ne permettrait pas d'attendre que celui dont il faut défendre les intérêts eût donné un pouvoir régulier à son mandataire légal. La loi elle-même, dans un cas particulier, autorise les avoués à justifier de leurs pouvoirs par la représentation du titre de leur partie (Cod. proc. civ., 932) ; et, suivant une pratique constante, confirmée par la jurisprudence, la représentation par un avoué de la copie de l'assignation signifiée à une partie fait également ment preuve suffisante du mandat qu'il a reçu d'occuper

1

pour cette dernière. Voy. Grenoble, 9 déc. 1815 ; Bruxelles, 21 déc. 1831 ; Bordeaux, 31 mai 1839 ; Trib. civ. de Nevers, 13 mars 1882 (*J. Av.*, t. 107, p. 159).

2. Cependant, il en serait autrement, s'il résultait des circonstances de la cause que la remise de la copie à l'avoué n'a pu être faite par la partie elle-même, et que le pouvoir qu'on prétend en inférer est contraire à toute probabilité. Rennes, 15 avril 1816 (S., coll. nouv., 5. 2. 124) ; — ou bien encore si l'avoué qui réclame contre une partie les frais d'une instance ne représentait, indépendamment de la copie de l'assignation, aucun des titres ou pièces servant de fondement à cette instance. Lyon, 30 août 1824 (S., coll. nouv., 7. 2. 436).

3. La remise faite à un avoué des pièces d'une partie peut suffire aussi pour lui conférer le pouvoir de procéder au nom de cette dernière ; et, par exemple, il a été jugé que l'avoué auquel a été remis un bordereau de collocation pour en poursuivre le recouvrement est autorisé par cela même à poursuivre la revente sur folle enchère dans le cas où l'adjudicataire n'acquitte pas le montant de ce bordereau. Bordeaux, 31 mai 1839 (S. 39. 2. 408).

4. Mais la réception que fait un avoué des pièces d'un procès ne le lie pas à tel point qu'il ne puisse examiner le mérite de la cause avant de se constituer ; et si, en recevant les pièces, il subordonne l'acceptation du mandat à la condition qu'il lui soit fourni certains documents justificatifs, il ne peut être déclaré responsable du préjudice résultant d'une péremption qui a été demandée par la partie adverse avant la remise de ces documents, et dont rien n'indique d'ailleurs qu'il connût et pût connaître l'imminence. Cass., 30 avril 1823 (Dalloz, *Répert.*, v° *Avoué*, n° 223).

5. En disposant que les avoués qui ont occupé dans les causes où il est intervenu des jugements définitifs, sont tenus d'occuper, sans nouveaux pouvoirs, sur l'exécution de ces jugements, pourvu qu'elle ait lieu dans l'année de leur prononciation, l'art. 1038, Cod. proc., n'entend point dire sans doute que cette continuation du mandat des avoués s'étend aux actes d'exécution que la partie doit faire elle-même, tels que le commandement et les poursuites contre le débiteur ; mais il résulte de cette disposition que la continuation du mandat s'applique, sans autre limitation que celle du délai d'une année, à tous les actes du ministère de l'avoué qui ont pour objet d'assurer l'exécution du jugement définitif intervenu dans la cause (*S. alph. L. proc. civ.*, v^is *Avoué*, n° 11, et *Const. d'av.*, n° 27). Voy. aussi Orléans, 26 juill. 1827, et Cass., 22 nov. 1854 (*J. Av.*, t. 80, p. 27 ; S. 55. 1. 25, texte et note).

6. Au nombre de ces actes, il faut ranger ceux qui, après le jugement de validité d'une saisie-arrêt, interviennent au sujet de la déclaration affirmative du tiers saisi. La procédure relative à cette déclaration n'a-t-elle pas, en effet, pour objet d'assurer l'exécution du jugement de validité ? La preuve, d'ailleurs, que la loi considère bien le mandat de l'avoué comme persistant pendant la procédure de déclaration affirmative, c'est qu'elle veut que, s'il survient de nouvelles saisies-arrêts, le tiers saisi les dénonce *à l'avoué du premier saisissant*. Les avoués qui ont occupé dans l'instance en validité de la saisie-arrêt n'outrepassent donc pas leurs pouvoirs en continuant à occuper dans l'instance engagée sur les contestations dont la déclaration affirmative du tiers saisi vient à être l'objet.

7. Le mandat de l'avoué, en matière de séparation de

biens, ne finit que par le dépôt du jugement au greffe du tribunal, opéré de manière que la publication puisse en être faite en temps utile ; en sorte qu'il est responsable à l'égard de sa cliente de la nullité du jugement de séparation de biens résultant du défaut de publication dans le délai légal. L'avoué ne pourrait d'ailleurs se soustraire à cette responsabilité en objectant que les délais nécessaires pour l'enregistrement et l'expédition du jugement ne lui ont pas permis de le faire publier plus tôt. C'est à lui de prendre toutes les mesures nécessaires pour que la prescription de la loi soit observée. Limoges, 11 juill. 1839 (Dalloz, *Répert.*, vᵒ *Avoué*, nᵒ 224).

8. De ce que le mandat de l'avoué prend fin après le jugement définitif, sauf l'obligation d'occuper sur les incidents litigieux auxquels peut donner lieu l'exécution de ce jugement, il résulte qu'on ne peut lui reprocher d'avoir négligé les intérêts de son client, parce que, après avoir obtenu pour celui-ci, dans un ordre, un bordereau de collocation, il a laissé toucher le montant d'une collocation en sous-ordre sur ce client par une personne à laquelle il aurait pu opposer une compensation. Douai, 9 août 1856 (*J. Av.*, t. 82, p. 481) ; Chauveau, quest. 3426 *ter*. Voy. aussi Cass., 23 juill. 1828 (*J. Av.*, t. 35, p. 34) ; Paris, 2 juill. 1872 (*Id.*, t. 98, p. 220).

9. Du même principe il suit que l'avoué qui verse entre les mains de l'avoué de l'adversaire le montant d'une condamnation prononcée contre son client, ne libère pas ce dernier, et est tenu de lui rembourser la somme ainsi irrégulièrement payée, dans le cas où elle a été dissipée par l'avoué qui l'a reçue. Douai, 13 déc. 1876 (*J. Av.*, t. 102, p. 414).

10. L'avoué d'appel qui a occupé jusqu'à l'arrêt définitif est tenu d'occuper encore sur l'exécution de cet

arrêt. Nîmes, 17 mess. an XIII et 28 fév. 1808 (S., coll. nouv., 2. 2. 71 et 353).

11. Quand un avoué veut cesser d'occuper pour une partie, il doit, afin de se mettre à l'abri de tout recours de la part de cette dernière, lui faire connaître par une notification régulière son intention de ne plus la représenter, dénoncer cette notification à l'avoué de la partie adverse, et déclarer, dans l'un et l'autre acte, qu'il continuera cependant d'occuper jusqu'à ce que son client ait constitué un nouvel avoué. Si son client ne se mettait pas en mesure de le remplacer, il provoquerait, toutes parties appelées, un jugement pour faire admettre son refus d'occuper. Chauveau, quest. 381 *bis; S. alph. L. pr. civ.*, v° *Avoué*, n° 4.

II. *Etendue du mandat de l'avoué et des obligations qui en découlent.*

1° Règles générales.

12. Le mandat *ad litem* dont l'avoué est investi lui confère le droit et lui impose le devoir d'accomplir, au nom de son client, tous les actes nécessaires pour parvenir au jugement qui doit terminer l'instance. Cass., 4 mars 1862 (*J. Av.*, t. 88, p. 77 ; S. 63. 1. 268). Il est d'ailleurs tenu, non seulement de la stricte observation des formalités prescrites par la loi, mais encore de l'emploi des mesures et des démarches qui, bien que non exigées par le Code de procédure, sont nécessaires pour donner à ces formalités toute l'utilité et toute l'efficacité qu'elles doivent avoir. La partie qui confie à un avoué la direction d'une procédure n'a pas besoin de lui conférer un mandat spécial pour le mettre dans l'obligation de

faire, dans son intérêt, tout ce qui se rattache naturellement à cette procédure ; car l'avoué s'offenserait justement de n'être considéré que comme un instrument mécanique de la loi ; et c'est au contraire l'honorer, en même temps que rendre hommage à la sagesse des vues du législateur, que de voir en lui un intermédiaire intelligent et attentif, devant à son client un dévouement véritable, et responsable envers lui des négligences qui peuvent porter préjudice à ses intérêts. *S. alph. L. pr. civ.*, v° *Avoué*, n° 29. Voy. aussi Toulouse, 27 fév. 1839 (*J. Av.*, t. 72, p. 617 et 618), et note de Chauveau.

13. Il faut admettre dès lors que l'avoué a pour devoir de porter à la connaissance de son client tous les actes de procédure dont celui-ci a intérêt à être personnellement informé pour prendre un parti. Et c'est ainsi qu'il a été jugé que l'avoué qui, chargé par le vendeur de poursuivre contre l'acquéreur la saisie de l'immeuble vendu, fait procéder à l'adjudication de cet immeuble, sans en référer à son client, dont le privilège n'est pas inscrit et ne peut plus l'être à raison de la faillite du débiteur, et dont cette adjudication fait tomber l'action résolutoire, commet une faute qui engage sa responsabilité. Paris, 28 juill. 1851 (S. 51. 2. 794).

14. Pareillement, l'avoué qui, chargé d'une poursuite en expropriation forcée, fait procéder à l'adjudication, sans avoir prévenu son client du jour où elle devait avoir lieu, est passible de dommages-intérêts envers ce dernier, lorsque les immeubles ont été adjugés pour un prix notablement inférieur à leur valeur réelle et insuffisant pour payer la créance du saisissant, qui aurait pu, en enchérissant et, au besoin, en se rendant adjudicataire, éviter en tout ou en partie la perte qu'il a subie. *S. alph. L. pr. civ.*, *verb. cit.*, n° 31.

15. L'avoué est responsable de toute faute dans l'exercice de ses fonctions qui implique négligence, défaut de discernement ou de savoir, ou direction abusive de la procédure; et, par exemple, de la nullité résultant de ce qu'une demande en subrogation dans des poursuites de saisie immobilière n'a pas été formée par exploit d'ajournement contre le saisi. Bourges, 22 fév. 1855 (S. 55.2.143).

16. Ce n'est pas seulement parce que l'avoué est un mandataire salarié, c'est aussi et surtout parce que sa profession exige une connaissance des affaires en laquelle les parties qui remettent leurs intérêts entre ses mains doivent avoir toute confiance, qu'une responsabilité rigoureuse lui est imposée.

17. Cependant cette rigueur ne va pas jusqu'à rendre l'avoué responsable de la perte d'un procès qu'il a conseillé consciencieusement et de bonne foi, et sans qu'on puisse le taxer d'ignorance grossière. L'interprétation des lois présente souvent des difficultés qui rendent l'erreur très excusable. L'incertitude et la mobilité de la jurisprudence, la divergence des opinions professées par les auteurs sur certains points de droit, mettent incontestablement les officiers ministériels à l'abri du recours que prétendraient exercer contre eux les parties dont ils n'ont pas réussi à faire triompher les prétentions.

18. Conformément à ces principes, il a été jugé, d'une part, qu'un avoué qui a conseillé et dirigé une saisie, pour des dépens, au nom d'un mari, sur les immeubles de sa femme, pendant que la communauté existait encore, est passible des frais de la poursuite et même de la suspension de ses fonctions. Paris, 1er août 1820 (Dalloz, v° *Avoué*, n° 245); — que les frais d'un procès intenté d'après un conseil donné dans un intérêt de chicane et de mauvaise foi par un avoué, doivent être considérés

comme frustratoires et mis à la charge de cet officier ministériel. Cass., 13 juill. 1824 et 25 fév. 1834 (*Ibid.*); — et qu'il en est de même des frais d'un procès qui, bien qu'intenté et soutenu par des particuliers en leur nom personnel, ne l'a été qu'à l'instigation d'un avoué dont ils sont les représentants interposés, et dans l'intérêt exclusif de cet avoué ou de sa compagnie. Cass., 22 mai 1832 (*Ibid.*).

19. Mais il a été décidé, d'autre part, qu'un avoué ne peut être déclaré responsable des frais d'un procès conseillé par lui et perdu, s'il n'est pas constaté qu'il ait donné le conseil insidieusement et de mauvaise foi. Cass., 13 juill. 1824; Paris, 27 mars 1843 (Dalloz, *loc. cit.*)

20. L'avoué n'est nullement responsable envers son client de la perte du procès qu'il a soutenu pour ce dernier, lorsqu'il est reconnu qu'il a proposé tous les moyens qui pouvaient être invoqués. Rouen, 10 mai 1862 (*J. Av.*, t. 88, p. 89).

21. Il ne peut d'ailleurs avoir à répondre des erreurs relatives au fond du droit, qui s'expliquent par les incertitudes de la jurisprudence et de la doctrine, et cela surtout dans l'accomplissement d'un mandat qui ne se rattache qu'indirectement à l'exercice de sa profession. Agen, 18 fév. 1873 (*J. Av.*, t. 98, p. 303). — Conf., Dalloz, *Rép.*, v° *Avoué*, n° 221.

22. Toutefois, l'avoué n'est pas fondé à prétendre d'une manière absolue qu'il n'est pas responsable des erreurs de droit. Sa responsabilité est, au contraire, engagée par les irrégularités qui résultent de ce qu'il a négligé de se conformer à une jurisprudence généralement adoptée. Aix, 8 fév. 1838 (Dalloz, v° *Responsab.*, n° 456).

23. L'avoué étant le maître absolu de la direction de la procédure dont il est chargé, les instructions de son

client ne sauraient le lier en ce qui concerne les actes et formalités nécessaires pour mener à fin cette procédure. S'il cédait à des désirs ou à des ordres contraires aux prescriptions de la loi, on pourrait plus tard lui reprocher justement de n'y avoir pas résisté, et le rendre responsable des suites fâcheuses de sa complaisance. Il a donc été très bien jugé que l'avoué qui, même sur les sollicitations de son client, a introduit au nom de celui-ci une instance inutile et qu'il a été obligé d'abandonner, doit supporter la totalité des frais qu'elle a nécessités. Bordeaux, 22 août 1871 (*J. Av.*, t. 97, p. 46).

24. Mais le rôle de l'avoué est différent, lorsqu'il s'agit de formalités à l'accomplissement desquelles n'est point subordonnée la régularité de la procédure qui lui a été confiée ; il n'est plus alors *procurator ad litem,* et il ne saurait conséquemment être question de son privilège de *dominus litis.* Le mandat qu'il remplit n'est qu'un mandat ordinaire gouverné par les règles du droit commun. Ici, la volonté du mandant s'impose à lui et il ne lui est pas permis de la méconnaître (*S. alph. L. proc. civ.,* v° *Avoué,* n° 32). Voy. aussi en ce sens, Trib. civ. de la Seine, 23 déc. 1873 (*J. Av.*, t. 99, p. 49).

25. D'après ce jugement, il suivrait de ces principes que, si l'avoué qui a reçu ordre de faire une surenchère sur un prix d'adjudication d'immeubles est maître dans l'accomplissement de tous les actes nécessaires pour parvenir au second jugement d'adjudication, il ne peut, contrairement à la défense qui lui en est faite par son client, signifier ce jugement à l'adjudicataire surenchéri, cette signification, non prescrite par la loi, n'étant point au nombre des actes qu'exige la procédure de surenchère ; et qu'en conséquence les frais d'une telle signification doivent être mis à sa charge.

26. Cette solution est, de tous points, exacte lorsqu'il s'agit d'une surenchère sur expropriation forcée, parce que, l'art. 716, C. pr., disposant que le jugement d'adjudication ne doit être signifié qu'à la partie saisie, l'avoué ne peut, en dehors de cette signification, être investi que d'un mandat ordinaire dans les limites duquel il est tenu de se renfermer; de sorte qu'il ne lui appartient pas de signifier, en outre, le second jugement d'adjudication à l'adjudicataire surenchéri, sans en avoir été chargé par son client, et encore moins malgré la défense que lui en a faite ce dernier. Voy. cependant Chauveau, quest. 2402 *bis*.

27. Mais quand il s'agit d'une surenchère autre que celle sur expropriation forcée, l'art. 716, qui n'est point du nombre de ceux auxquels renvoient les art. 838, 965 et 973, cesse d'être applicable, et l'on reste sous l'empire de l'art. 147, qui exige que tout jugement soit signifié pour pouvoir être mis à exécution. Néanmoins, l'avoué n'a pas le droit de faire cette signification sans en avoir été chargé par son client, et surtout au mépris de la défense de ce dernier, parce que l'observation de la prescription de l'art. 147 ne rentre pas dans son mandat *ad litem*. L'obligation imposée à l'avoué par l'art. 1038, Cod. proc., d'occuper sur l'exécution du jugement définitif sans nouveaux pouvoirs, n'implique pas qu'il doive préparer ou provoquer cette exécution. C'est à la partie elle-même qu'appartient à cet égard l'initiative, et ce n'est encore qu'en vertu d'un mandat particulier de celle-ci que l'avoué peut remplir une formalité qui ne se rattache pas nécessairement à son ministère (*S. alph.*, v° *Avoué*, n° 35).

28. Lorsque, sur l'ordre qui lui a été transmis, avec les pièces nécessaires, de poursuivre un débiteur, l'avoué, au lieu de s'en tenir aux indications contenues dans les

pièces, s'adresse au débiteur lui-même pour connaître les prénoms de celui-ci, il doit être déclaré responsable de l'erreur que ce débiteur lui a fait commettre et qui a eu pour conséquence de faire appliquer à un homonyme, portant les prénoms faussement indiqués par le débiteur, le jugement de condamnation obtenu et l'inscription hypothécaire prise en vertu de ce jugement. — Toutefois, une partie de la responsabilité doit retomber sur le créancier, si ce dernier, bien que connaissant la similitude de noms qui pouvait amener une confusion entre son débiteur et un tiers, n'a pas eu soin de donner à l'avoué des renseignements précis, ou tout au moins de le mettre en garde contre la facilité de l'erreur. Lyon, 7 fév. 1872 (*J. Av.*, t. 97, p. 394).

29. Le refus ou l'omission, de la part d'un avoué, de remplir une formalité réclamée par son client, mais qu'il était autorisé à considérer comme devant, d'après les règles du droit, être sans utilité pour ce dernier, ne compromet point sa responsabilité. Cass., 6 fév. 1855 (S. 55. 1. 586).

30. La responsabilité de l'avoué peut incontestablement être engagée en dehors des actes qui ressortent spécialement de son ministère, lorsque cet officier ministériel a, par sa négligence, au cours d'un mandat qui lui a été confié, compromis les intérêts de son client; cette responsabilité est alors déterminée par les art. 1991 et 1992, Cod. civ. Rennes, 7 fév. 1870 (*J. Av.*, t. 97, p. 176).

31. Dans le cas même où l'avoué a agi sans mandat, il reste évidemment soumis, d'après les règles du droit commun, à l'obligation de réparer le préjudice qu'il aurait causé à des tiers par ses agissements (Cod. civ., 1372, 1382 et 1383). Mais sa responsabilité ne peut

alors être engagée que par des actes positifs qui soient la cause directe du préjudice dont se plaignent les tiers. Par exemple, la partie pour laquelle a occupé un avoué ne saurait le rendre responsable de la simple omission de formalités ou de mesures dont l'accomplissement ne rentre pas d'une manière nécessaire dans ses attributions, et qu'il ne s'est pas expressément ou tacitement chargé de remplir (*S. alph. L. proc. civ.*, v° *Avoué*, n°ˢ 47 et 48).

32. La responsabilité de l'avoué suppose nécessairement l'existence d'un préjudice pour son client. Il doit donc échapper à tout recours de la part de ce dernier, si aucun dommage n'est résulté de sa faute ou de sa négligence. Par exemple, l'avoué qui, chargé de poursuivre la saisie des immeubles d'un débiteur de son client, et ayant ensuite occupé pour la femme de ce débiteur sur la demande en séparation de biens formée par elle, a laissé exécuter le jugement de séparation rendu par défaut, sans prévenir son mandant du délai pendant lequel il serait recevable à y former opposition, peut, malgré la négligence grave dont il est reconnu coupable, être déchargé de toute responsabilité, s'il résulte des circonstances de la cause que les reprises de la femme ont été exactement liquidées par le jugement de séparation, et que son client n'a, dans le fait, éprouvé aucun préjudice, ou que le dommage qui lui aurait été causé provient plutôt de l'erreur du juge que du fait de l'avoué. Cass., 18 avril 1827 (Dalloz, *Répert.*, v° *Avoué*, n° 236).

33. De même, la nullité d'un jugement de séparation de biens, résultant de ce que l'avoué de la femme ne l'a pas fait publier dans le délai prescrit, ne peut être invoquée comme cause de responsabilité contre l'avoué par cette dernière, qui, à raison de cette irrégularité, a jugé à propos de ne pas faire exécuter le jugement, alors que

le défaut de publicité n'a pas été opposé par les créanciers du mari, adversaires de la femme. Limoges, 11 juill. 1839 (Dalloz, v° *Avoué*, n. 224).

34. L'action en responsabilité formée contre un avoué et un huissier à raison du retard mis par eux à formaliser une saisie-arrêt, est prématurée et non recevable, tant que le préjudice allégué par le demandeur n'est ni constaté, ni déterminé quant à son importance. Paris, 22 fév. 1877 (*J. Av.*, t. 102, p. 226).

35. Dans le cas même où il serait établi qu'une négligence ou une faute est imputable à ces officiers ministériels, l'action en responsabilité dirigée contre eux devrait être rejetée pour défaut de préjudice, si, depuis qu'elle a été intentée, le demandeur a recouvré sa créance. Même arrêt.

36. L'inobservation des formes tracées par la loi ne peut motiver une action en dommages-intérêts contre l'avoué qui, vu la modicité de la somme faisant l'objet d'une saisie-arrêt dont il a reçu mandat de demander la validité, a pris sur lui de faire entre tous les créanciers une distribution amiable de cette somme, quand ce mode de procéder a profité à son client. Rouen, 31 août 1850 (D. p. 51. 2. 51).

37. L'avoué qui a négligé de remplir les formalités de purge dont l'acquéreur l'avait chargé n'encourt aucune responsabilité envers ce dernier, bien qu'il ait été dépossédé sur la poursuite des créanciers inscrits, s'il est certain que l'accomplissement de ces formalités n'eût pas empêché cette dépossession, en ce que, par exemple, la vente ayant eu lieu à vil prix, les notifications n'auraient pu manquer d'amener une surenchère. Lyon, 13 août 1845 (D. p. 46. 2. 228).

38. L'action en responsabilité qu'une partie dirige

contre son avoué à raison d'une mauvaise défense ou d'une défense incomplète de sa cause, ne saurait être déclarée non recevable, soit sous prétexte que la condamnation prononcée contre cette partie n'ayant pas été exécutée, elle n'en a éprouvé aucun préjudice, soit à raison de l'opposition qu'elle a formée aux poursuites dirigées contre elle en vertu du jugement de condamnation. Trib. civ. de Nevers, 13 mars 1882 (*J. Av.*, t. 107, p. 159).

39. Un avoué qui occupe pour deux parties dont les intérêts sont opposés est incontestablement passible de dommages-intérêts. Rennes, 6 janv. 1815 (S., coll. nouv., 5. 2. 3).

40. Les officiers ministériels sont, comme tous commettants, responsables des faits de leurs clercs dans les circonstances où ceux-ci agissent comme leurs préposés.

41. Bien qu'un avoué, actionné en responsabilité par son client tout à la fois pour une nullité de procédure et pour l'omission d'une mesure conservatoire, telle que le renouvellement d'une inscription hypothécaire, ait succombé sur le premier chef et obtenu gain de cause sur le second seulement, les juges peuvent, sans contradiction, condamner son client à des dommages-intérêts envers lui à raison du préjudice que l'action en responsabilité lui a causé en ce qui touche le second chef. Cass., 23 nov. 1857 (S. 59. 1. 25).

2° Cas particuliers de responsabilité.

42. **Acquiescement.**— L'avoué ne peut incontestablement acquiescer, sans mandat spécial, à un jugement rendu contre son client. Et de là il résulte, par exemple, que sa présence à la prestation du serment déféré d'office à la partie adverse, ne peut être opposée à son client

absent comme un acquiescement à la sentence. Poitiers, 4 mars 1823 (S., coll. nouv., 7. 2. 179) ; Chauveau, quest. 521.

43. Adjudication. — Nul doute que l'avoué qui, après avoir, dans une poursuite de vente par licitation, accepté le mandat d'enchérir pour un client, a chargé un de ses confrères de le remplacer, afin de pouvoir enchérir dans un autre intérêt, et a laissé adjuger l'immeuble à un prix de beaucoup inférieur à sa valeur réelle, dans le but de recevoir une somme d'un tiers en faveur duquel il ferait élection de command, ou, à son défaut, de garder l'immeuble pour lui-même, ne soit, pour ce manquement à ses devoirs professionnels, passible de dommages-intérêts envers les colicitants et les créanciers. Lyon, 10 mars 1853 (*J. Av.*, t. 80, p. 63).

44. Il suffit même, d'après un arrêt de la Cour de Paris du 21 mai 1859 (*J. Av.*, t. 85, p. 250), qu'un avoué, sans calcul frauduleux et uniquement par négligence, ait laissé adjuger un immeuble à un tiers moyennant un prix inférieur à celui que le client dans l'intérêt duquel il devait enchérir, avait fixé, pour qu'il puisse être condamné envers celui-ci à des dommages-intérêts en rapport avec la perte matérielle éprouvée et les avantages perdus.

45. L'avoué qui poursuit une vente par licitation n'engage point sa responsabilité en insérant dans le cahier des charges une clause qui soumet l'adjudicataire à l'obligation alternative de faire lever et signifier, à ses frais, le jugement d'adjudication dans un délai déterminé, ou de supporter la levée d'une grosse au profit des colicitants. Vainement objecterait-on qu'une telle clause impose des frais frustratoires. Chauveau, quest. 2504 *sedecies*; mon *Suppl. alph. L. proc. civ.*, vᵒ *Licitation*, nᵒˢ 71 et 72.

46. Si, par un arrêt du 28 mars 1855 (S. 55. 1. 527),

la Cour de cassation a rejeté le pourvoi formé contre un jugement du tribunal civil de Sancerre qui s'était prononcé en sens contraire, il faut bien remarquer qu'elle n'a point examiné la question de légalité de la clause, mais qu'elle a déclaré que cette clause ne pouvant, dans tous les cas, recevoir d'exécution que par la volonté et sur la réquisition des parties, le jugement attaqué, qui constatait que c'était sans mandat et sans aucune réquisition de l'adjudicataire que l'avoué avait fait signifier le jugement d'adjudication, n'avait violé aucune loi en décidant que, dans de telles circonstances, cette signification était frustratoire.

47. Du reste, un mandat tacite suffit, en pareil cas, pour autoriser l'avoué à faire faire cette notification aux colicitants; et, selon la remarque de M. Chauveau, *loc. cit.*, les juges devront facilement présumer ce mandat, parce que, dans le fait, l'avoué reçoit généralement de son client le pouvoir d'accomplir les actes qui sont la suite naturelle de l'adjudication.

48. L'adjudicataire d'un immeuble qui, s'étant empressé d'y faire des réparations et de passer des baux pour le louer, a dû, peu de temps après, s'en rendre de nouveau adjudicataire sur la surenchère amenée par les notifications faites aux créanciers inscrits, afin de conserver le bénéfice de ses impenses et d'éviter des difficultés de la part de ses locataires, doit être déclaré mal fondé dans l'action en responsabilité qu'il dirige contre son avoué, à raison de ce que celui-ci n'aurait pas fait transcrire le procès-verbal d'adjudication dans le bref délai prescrit par le cahier des charges, s'il est reconnu que c'est à son imprudence, et non au léger retard reproché par lui à l'avoué, qu'est imputable le préjudice dont il se plaint. Bordeaux, 6 mars 1882 (*J. Av.*, t. 107, p. 369).

49. Un avoué outre-passerait-il ses pouvoirs en assistant à l'adjudication d'immeubles dont la vente a été renvoyée devant notaire, malgré la défense que lui en aurait faite son client? Non sans doute. Le droit des avoués d'assister à une semblable adjudication, sans mandat spécial et sans tenir compte de l'opposition qu'y mettraient les parties, n'est pas contestable en présence de la disposition de l'art. 14 de l'ordonnance du 10 octobre 1841, suivant laquelle les avoués *restent chargés* de l'accomplissement des actes de la procédure autres que ceux taxativement attribués au notaire par le même article, actes dont l'assistance à l'adjudication fait nécessairement partie, attendu que la vente confiée au notaire n'est que la suite de la procédure instruite devant le tribunal, et n'a pas un caractère différent de celui que présente l'adjudication prononcée à la barre. Voy. à l'appui de cette solution, Cass. 14 janv. 1845, 11 fév. 1850, 30 août 1853, 24 avril 1854, 23 avril 1856 et 5 avril 1859 (*J. Av.*, t. 68, p. 19 ; t. 75, p. 270 ; t. 79, p. 90 et 363 ; t. 81, p. 430 ; t. 84, p. 436 ; S. 45. 1. 105 ; 50. 1. 268 ; 53. 1. 690 ; 54. 1. 447 ; 56. 1. 726 ; 59. 1. 582) ; Chauveau, *Lois de la proc. civ.*, quest. 2534 *ter*, et *J. Av.*, t. 75, p. 213 ; t. 77, p. 31 ; t. 84, p. 567.

50. Soit qu'on admette que la revente sur folle enchère ne peut avoir lieu après adjudication sur licitation qu'en vertu d'une clause formelle du cahier des charges (Voy. *S. alph. L. proc. civ.*, v° *Licitation*, n. 151 et s.), soit qu'on la considère comme étant, même dans ce cas, de droit commun (*ibid.*, n. 154), elle n'est pas une suite tellement directe et nécessaire de l'adjudication, que l'avoué qui a fait procéder à celle-ci soit autorisé à la poursuivre sans nouveau pouvoir. La gravité des conséquences d'une telle poursuite exige qu'il ne l'exerce qu'avec l'assenti-

ment de son client, s'il ne veut pas s'exposer à voir sa responsabilité engagée. Chauveau, quest. 2505 *noviès*.

51. L'avoué qui, lors d'une revente sur folle enchère, se rend adjudicataire pour une personne qu'il sait être un prête-nom du fol enchérisseur, est responsable de la nullité dont l'adjudication se trouve frappée, et doit indemniser les créanciers du préjudice que leur cause cette nullité. Rennes, 16 mars 1853 (*J. Av.*, t. 79, p. 252).

52. Appel correctionnel. — L'avoué, qui, chargé d'interjeter appel d'un jugement correctionnel, laisse passer le délai sans remplir cette formalité, à raison du refus du greffier de recevoir sa déclaration d'appel sans justification d'un mandat spécial, est responsable des conséquences de cette omission, s'il n'a pas eu soin de faire constater après sommation ce refus du greffier, évidemment mal fondé en présence de la disposition du § 1ᵉʳ de l'art. 204, Cod. instr. crim., à l'effet de constituer en faveur de son client le cas de force majeure permettant de le relever de la déchéance de son droit d'interjeter appel. Douai, 11 juill. 1882 (aff. Sustendal).

53. Conclusions. — L'omission, dans les conclusions prises lors d'un jugement, de chefs de demande compris dans les actes de procédure, constitue de la part de l'avoué, comme ayant donné lieu à une nouvelle instance, une faute à raison de laquelle il peut être condamné à supporter les frais de cette instance qui ont été laissés à la charge du demandeur, quoique l'action fût bien fondée. Caen, 12 mai 1846 (D. p. 47.2.15).

54. Exceptions. — L'avoué occupant pour deux époux contre lesquels est formée une action en paiement, non seulement n'est pas tenu, mais au contraire doit s'abstenir, à défaut d'instructions formelles qui lui en fassent un devoir, d'opposer à cette action les moyens tirés tant

de l'existence du concordat obtenu par le mari après déclaration de sa faillite, que de l'état de minorité de la
femme à l'époque à laquelle elle a souscrit l'engagement
qui sert de base à la demande, parce que le concordat et
la minorité laissent l'un et l'autre subsister une obligation
naturelle susceptible d'effets civils. Trib. civ. de Nevers,
13 mars 1882 (*J. Av.*, t. 107, p. 159).

55. Faillite. — Si un avoué, après avoir accepté le
mandat de représenter un client à une réunion de créanciers d'une faillite, n'a point rempli ce mandat, et a par
là empêché ce client d'être admis à la faillite, il est naturellement responsable de la perte que ce dernier a subie
du dividende qu'il avait à recevoir ; et l'avoué ne saurait
s'affranchir de cette responsabilité en excipant de l'irrégularité du mandat qui lui a été donné, parce que c'était
à lui d'exiger un pouvoir suffisant pour être à même de
représenter utilement son client. Paris, 26 décembre 1872
(*J. Av.*, t. 99, p. 420).

56. Faux incident civil. — L'avoué qui n'a pas
déposé au greffe, dans les trois jours de la signification du
jugement admettant une inscription de faux et nommant
le juge commissaire, la pièce contre laquelle est dirigée
l'inscription de faux, peut être condamné personnellement aux frais de l'incident soulevé à ce sujet. Paris,
4 août 1809 (Dalloz, *Répert.*, v° *Faux incident*, n. 153).

57. Honoraires de l'avocat. — En principe,
l'avoué n'est pas responsable des honoraires dus à l'avocat
qui a plaidé pour leur client commun. Mais il cesse d'en
être ainsi quand il résulte des circonstances particulières
de la cause, dont les juges sont les appréciateurs souve-
rains, que l'avocat et l'avoué ont entendu modifier le caractère ordinaire de leurs relations, et qu'il est intervenu
entre eux un quasi-contrat en vertu duquel l'avocat a été

autorisé à réclamer directement ses honoraires à l'avoué. Cass., 2 mai 1853 (*J. Av.*, t. 78, p. 490 ; S.53.1.369).

58. La responsabilité de l'avoué naît-elle de cette circonstance seule qu'il s'est présenté dans le cabinet de l'avocat pour lui remettre le dossier et lui donner des explications, sans être accompagné du client? L'affirmative avait été consacrée par le jugement du tribunal civil de Castelsarrasin du 2 juill. 1852 (*J. Av.*, t. 77, p. 461), contre lequel avait été formé le pourvoi qu'a rejeté l'arrêt de la Cour de cassation mentionné ci-dessus, et dont cet arrêt n'a pas répudié la doctrine. Mais cette solution n'est pas admissible, car elle aurait pour résultat d'entraver les rapports de l'avocat et de l'avoué au préjudice du client. Devilleneuve, observ., S.53.1.369 ; Chauveau, quest. 276 ; *S. alph.*, v° *Ajourn.*, n. 151, *in fine*.

59. **Jugement.** — Lorsqu'un jugement est annulé pour avoir été expédié sans que les qualités de ce jugement, frappées d'opposition, aient été réglées, l'avoué qui a pris l'expédition doit supporter les frais tant du jugement que des actes qui en ont été la suite et l'exécution. Toulouse, 15 mars 1881 (S. 83. 2. 213).

60. **Liquidation et partage.** — L'avoué constitué sur une demande en liquidation et partage ne peut, sans mandat spécial, représenter son client devant le notaire commis par le tribunal pour procéder à la liquidation. Trib. civ. de Tours, 10 janv. 1850; Chauveau, quest. 2506 *sexiès*; *S. alph.*, *L. proc. civ.*, v° *Partage*, n. 85.

61. **Mesures conservatoires.** — Bien qu'en principe le mandat *ad litem* n'astreigne pas l'avoué à l'accomplissement des mesures conservatoires étrangères à la procédure qu'il est chargé de suivre, l'obligation de prendre ces mesures peut résulter des circonstances et de la nature de l'affaire.

62. Par exemple, l'avoué qui, dans une instance en partage et licitation, s'est chargé d'occuper à la fois pour l'adjudicataire et pour un colicitant mineur, malgré l'opposition de leurs intérêts, est réputé par cela même avoir accepté la mission de remplir les formalités prescrites par la loi pour sauvegarder les intérêts du mineur; et, spécialement, il est tenu de faire inscrire le privilège de copartageant de ce dernier, alors surtout que des renseignements qu'il était de son devoir de prendre lui auraient révélé l'insolvabilité de l'adjudicataire. Agen, 18 fév. 1873 (S. 73. 2. 167).

63. Toutefois, l'avoué ne doit être soumis à aucune responsabilité à raison du défaut d'inscription dans les soixante jours de la licitation, si l'état de la jurisprudence et particulièrement de celle du tribunal près lequel il exerce, a pu l'autoriser à croire que le délai de soixante jours ne commençait à courir que du jour du partage définitif de la succession. Même arrêt.

64. Le mandat donné à un avoué de recouvrer une créance emporte-t-il l'obligation, pour cet officier ministériel, de faire tous les actes conservatoires de cette créance et notamment de renouveler l'inscription hypothécaire qui la garantit? L'affirmative a été consacrée par un arrêt de la Cour de Toulouse du 15 mai 1875 (*J. Av.*, t. 100, p. 282). Voy. aussi les motifs d'un arrêt de la Cour de Metz du 14 décembre 1852 (*Id.*, t. 79, p. 562).

65. Mais cette doctrine est certainement trop absolue, et elle a été condamnée par un arrêt de la Cour de cassation du 23 nov. 1857 (*J. Av.*, t. 83, p. 564; S. 59. 1. 25), qui a décidé que lorsqu'un avoué a été chargé d'assurer le recouvrement d'une créance au moyen d'une action en radiation des inscriptions hypothécaires dont

les immeubles du débiteur de son client étaient grevés, son pouvoir ne s'étend pas au-delà du mandat *ad litem*, c'est-à-dire de celui de remplir les formalités prescrites par la loi pour la régularité des procédures, et ne comprend pas, par conséquent, l'obligation de renouveler l'inscription de la créance de son client.

66. Si cette Cour a rejeté, le 24 janvier 1849 (*J. Av.*, t. 74, p. 443 ; S. 49. 1. 276), le pourvoi formé contre un arrêt de la Cour de Montpellier du 7 août 1845 qui avait déclaré l'avoué chargé du recouvrement d'une créance hypothécaire, responsable du défaut de renouvellement de l'inscription, elle s'est fondée uniquement sur ce que l'arrêt attaqué avait, par appréciation des faits, considéré l'avoué comme investi du mandat d'opérer ce renouvellement, et elle a pris soin de dire que cet arrêt n'avait pas basé la condamnation prononcée contre l'avoué sur le principe que l'obligation de renouveler l'inscription fût la conséquence nécessaire de ses devoirs professionnels et du mandat *ad litem* qu'il avait reçu.

67. La Cour de cassation a encore fort bien jugé que si du mandat *ad litem* ne découle pas pour l'avoué d'une femme plaidant contre son mari l'obligation de faire inscrire l'hypothèque légale de sa cliente, cette obligation peut être considérée comme résultant du mandat plus étendu que la femme lui a donné non seulement de procéder au recouvrement de ses créances contre son mari, mais aussi de veiller à la conservation de ses droits. Cass., 6 août 1855 (S. 56. 1. 423).

68. Les mêmes principes ont été consacrés par d'autres décisions, qui ont admis que l'obligation, pour l'avoué, de prendre ou de renouveler une inscription dans l'intérêt d'un client qui l'a chargé du recouvrement d'une créance,

peut résulter de circonstances particulières qui ont étendu son mandat.

69. Ainsi, il a été jugé, et cette décision me paraît échapper à toute critique, que si, en principe, le mandat donné à l'avoué d'exercer les poursuites nécessaires pour opérer le recouvrement d'une créance ne l'oblige pas à faire tous les actes conservatoires de cette créance, lorsque son client est lui-même apte à surveiller ses intérêts et conserve la direction de l'affaire, il en est autrement quand ce dernier a remis toutes ses pièces à l'avoué pour faire le nécessaire, et l'a investi d'un mandat général, en lui laissant le droit de présider à l'accomplissement de toutes les formalités légales ; et que, spécialement, dans ces circonstances, l'avoué chargé d'une poursuite en expropriation forcée est responsable de la péremption de l'inscription hypothécaire de son client résultant du défaut de renouvellement de cette inscription au cours de la procédure de saisie immobilière. Trib. civ. de Marseille, 1ᵉʳ mai 1876 (*J. Av.*, t. 102, p. 412).

70. La Cour de Chambéry a non moins exactement jugé que l'avoué qui, chargé du recouvrement d'une créance dont le titre lui a été remis, et prévenu en même temps par son client que le débiteur a obtenu dans un ordre un bordereau de collocation supérieur au chiffre de cette créance, néglige de prendre les mesures nécessaires pour empêcher celui-ci de disposer du montant de ce bordereau, commet une faute lourde qui le rend responsable envers le mandant de la perte de sa créance. Arrêt du 9 mars 1861 (*J. Av.*, t. 86, p. 133).

71. L'avoué qui omet le renouvellement d'inscription qu'il avait reçu le mandat de faire n'encourt qu'une responsabilité éventuelle pour le cas où ce défaut de renouvellement causerait un préjudice à son client. Ce

dernier ne peut donc exercer contre lui une action immédiate en garantie. Cass., 5 janv. 1852 (*J. Av.*, t. 77, p. 288 ; S. 53. 1. 216).

72. Au surplus, la perte du privilège d'un créancier pour lequel un avoué a été chargé d'occuper dans une poursuite de saisie immobilière, résultant du défaut de renouvellement de cette inscription, n'engage pas la responsabilité de l'avoué, lorsque le défaut de renouvellement est imputable au créancier lui-même, en ce que, malgré son expérience en matière hypothécaire et sa connaissance de l'imminence de la péremption, il n'a donné à cet avoué ni mandat ni instruction pour renouveler l'inscription. Rouen, 15 juillet 1884 (Aff. Adam c. Dabbadis). — Comp. Angers, 28 avr. 1885 (*Gaz. des Trib.* du 23 mai).

73. L'inscription d'hypothèque judiciaire étant un acte étranger à la postulation, l'omission d'une telle inscription, de la part de l'avoué qui a obtenu un jugement de condamnation pour son client, ne saurait engager la responsabilité de cet officier ministériel, qu'autant qu'il aurait reçu et accepté expressément ou tacitement un mandat pour remplir cette formalité. Trib. civ. de la Seine, 12 août 1881 (*J. Av.*, t. 106, p. 386).

74. **Ordre.** — L'avoué qui a rédigé des bordereaux d'inscription hypothécaire dans lesquels il a été fait élection de domicile en son étude, est obligé, sous peine de dommages-intérêts, de transmettre à son client la sommation de produire dans l'ordre ouvert sur le prix des immeubles hypothéqués, qui est signifiée à celui-ci à ce domicile élu, alors qu'il a accepté l'élection de domicile en faisant précédemment parvenir à ce même client la copie d'un autre exploit remise aussi en son étude. Paris, 15 juin 1850, (*J. Av.*, t. 75, p. 529).

75. En l'absence de remise de la sommation de produire, l'avoué ne peut être déclaré responsable du défaut de production, encore bien qu'il aurait reçu le mandat de représenter le créancier à la tentative d'ordre amiable qui a précédé l'ouverture de l'ordre judiciaire. Paris, 6 mai 1872 (*J. Av.*, t. 98, p. 56); — *Contrà*, Trib. civ. de Nyons, 31 mai 1854 (*J. Av.*, t. 91, p. 149).

76. Mais l'avoué qui a concouru à une tentative d'ordre amiable restée infructueuse, et qui, par suite de l'élection de domicile faite en son étude par un créancier qu'un de ses confrères représentait à cette tentative, a reçu la sommation de produire adressée à ce créancier, est responsable du défaut de production, s'il ne justifie pas avoir renvoyé la sommation à la partie elle-même par lettre chargée. Même jugement.

77. La jurisprudence décide, en effet, que l'officier ministériel qui a reçu la sommation de produire signifiée en son étude pour un créancier, est responsable du défaut de production, alors même que celui-ci ne l'a jamais avisé de l'élection de domicile, s'il ne prouve pas, ou qu'il a refusé le mandat, ou qu'il a transmis la sommation au créancier. Cass. 18 févr. 1851 (*J. Av.*, t. 76, p. 560; S. 51. 1. 353). Et, pour justifier qu'il a fait parvenir à son destinataire la copie de la sommation remise en son étude, l'officier ministériel n'a pas de moyen plus sûr, lorsque le refus du mandat n'est pas établi ou avéré, que le chargement à la poste de la lettre dans laquelle la copie est renvoyée. Chauveau, quest. 2554 *quinquiès; S. alph. L. pr. civ.*, v^{ls} *Exploit*, n. 98, et *Ordre*, n. 189; Grosse et Rameau, *Comment. sur la proc. d'ordre*, t. 2, p. 48.

78. Sans doute, l'avoué qui, par suite de l'élection de domicile faite en son étude à son insu dans une inscription

hypothécaire, a reçu une copie de sommation de produire dans un ordre, et qui, ne voulant pas accepter le mandat qu'on prétendrait faire résulter de l'élection de domicile, a renvoyé cette copie à son destinataire, ne sera point désarmé contre l'action en responsabilité que ce dernier lui intenterait, en prétextant que la copie ne lui est point parvenue, par cela seul qu'il n'aura pas pris la précaution de faire charger à la poste sa lettre d'envoi. Mais encore faudra-t-il qu'il établisse cet envoi d'une manière certaine. M. Chauveau, quest. 2554 *quinquiès*, estime, avec un arrêt de la Cour de Paris du 18 juin 1855 (*J. Av.*, t. 80, p. 481), que l'affirmation de l'avoué doit prévaloir sur la dénégation du créancier, et que le premier n'a pas d'autre preuve à faire. Pour moi, l'indulgence de cette solution me paraît excessive. Quelque digne de confiance que soit sa parole, l'avoué est un mandataire qu'il n'est pas permis de placer au-dessus de la loi commune. Dès qu'il reconnaît avoir reçu la sommation signifiée à son domicile, il est tenu, pour dégager sa responsabilité, de prouver qu'il l'a transmise à la partie à laquelle elle était destinée, et une simple affirmation n'est pas une preuve.

79. Au reste, l'avoué qui a omis de remettre au créancier qu'elle concerne une sommation de produire dans un ordre, signifiée au domicile élu en son etude, est affranchi de toute responsabilité, lorsqu'il est reconnu que, malgré cette omission, le créancier pouvait obtenir le recouvrement de sa créance en demandant la nullité de l'ordre pour vice de forme ou irrégularité de la procédure. Caen, 7 juin 1874 (*J. Av.*, t. 101, p. 38).

80. Bien certainement aussi l'avoué qui a reçu d'un créancier les pièces nécessaires pour produire dans un ordre n'est pas responsable du défaut de production, si

la sommation de produire faite à ce créancier ne lui a pas été remise par celui-ci. Son mandat ne saurait être étendu à une production qu'il n'a pas été provoqué à faire ; le devoir général de vigilance qui lui est imposé pour les intérêts de ses clients ne va pas jusque-là. Trib. civ. de la Seine, 20 mai 1873 (*J. Av.*, t. 98, p. 233) ; *S. alph. L. proc. civ.*, v° *Ordre*, n. 234. — Comp. ci-dessus, n° 75.

81. Dans le cas où le mandat donné à un avoué de représenter un créancier à un ordre amiable a été positivement reçu et accepté, cet avoué ne peut faire écarter comme non recevable l'action en responsabilité formée contre lui par le créancier à raison d'une faute qu'il a commise dans l'exécution de ce mandat, sous prétexte que ce créancier lui a payé ses frais et a retiré les pièces d'entre ses mains ; ces faits n'impliquant pas une renonciation qui ne se présume point. Chambéry, 27 févr. 1869 (*J. Av.*, t. 94, p. 362).

82. La double circonstance que, sur une poursuite de saisie immobilière, un avoué s'est rendu adjudicataire pour un créancier, et s'est même présenté pour lui dans l'ordre amiable ouvert ultérieurement, n'emporte pas la preuve qu'il ait reçu de ce créancier mandat de produire dans l'ordre judiciaire ouvert également plus tard, s'il s'est écoulé plusieurs années entre l'adjudication et l'ouverture de l'ordre, s'il n'a produit qu'à titre officieux lors du règlement provisoire, et s'il n'est pas établi que le créancier lui ait fait remise de ses titres de créance. Bordeaux, 19 août 1884 (*J. Av.*, t. 110, p. 113).

83. L'avoué qui a reçu d'un acquéreur le mandat de requérir la délivrance d'un état sur transcription des hypothèques inscrites, de procéder à la purge, de faire ouvrir un ordre et d'y représenter son mandant, est respon-

sable, alors qu'il a omis de se livrer, avant l'ouverture de l'ordre, à une vérification qui lui aurait révélé l'existence d'une inscription d'hypothèque légale, de l'obligation où s'est trouvé l'acquéreur, par suite de cette omission, de payer une seconde fois une partie de son prix au créancier à hypothèque légale qui n'avait pas été appelé dans l'ordre. Cass. 16 janv. 1882 (*J. Av.*, t. 107, p. 494; S. 82. 1. 342).

84. Pareillement, l'avoué qui a successivement poursuivi une saisie immobilière et provoqué l'ouverture d'un ordre sur le prix de l'adjudication des immeubles saisis, commet une faute lourde engageant sa responsabilité à l'égard du créancier au nom duquel il a procédé, lorsque, chargé plus tard par celui-ci de le représenter dans l'ordre, il ne demande collocation qu'en vertu d'une hypothèque judiciaire, bien que l'état des inscriptions, qu'il a eu à examiner à deux reprises dans le cours des poursuites, ait dû lui révéler l'existence d'une hypothèque conventionnelle inscrite à une date antérieure. — Vainement, pour se disculper, arguerait-il de l'oubli qu'aurait fait son client de lui envoyer le titre constitutif de l'hypothèque conventionnelle ; c'était à lui de réclamer ce titre, puisqu'il était à même de reconnaître la nécessité de le produire. Chambéry, 23 août 1875 (S. 77. 2. 142).

85. Dans le cas où une partie du prix d'adjudication faisant l'objet d'un ordre, doit être laissée entre les mains de l'adjudicataire pour être affectée au service d'une rente viagère, l'avoué de cet adjudicataire est tenu, alors que celui-ci est en même temps créancier hypothécaire, de comprendre dans la demande de collocation, en prévision de l'hypothèse où la créance de son client ne viendrait en rang utile que sur cette même portion de prix, les intérêts à courir depuis le règlement

définitif jusqu'au jour de l'extinction de la rente viagère, sous peine d'engager sa responsabilité. Bourges,
16 mai 1870 (*J. Av.*, t. 96, p. 199).

86. Malgré la faute que l'avoué chargé de représenter
un créancier dans un ordre amiable a commise en omet-
tant de produire, dans l'intérêt de ce créancier, pour une
créance privilégiée, il n'est pas passible de dommages-
intérêts envers lui, à défaut de préjudice, s'il l'a fait admettre dans l'ordre, à titre privilégié, pour une autre
créance qui ne jouissait d'aucun privilège et supérieure
à la première. Cass. 8 déc. 1884 (*J. Av.*, t. 110, p. 24).

87. Il est élémentaire que l'avoué chargé de produire
dans un ordre pour un créancier doit prendre connaissance
du règlement provisoire et le contredire, s'il y a lieu, au
nom de son client, et qu'il devient responsable envers ce
dernier, s'il laisse transformer le règlement provisoire
en règlement définitif, sans avoir formé un contredit qui
était nécessaire. Trib. civ. de Nevers, 4 janv. 1870
(*J. Av.*, t. 95, p. 89).

88. C'est là un point que la jurisprudence a main-
tefois appliqué. Ainsi, d'après un arrêt de la Cour
de Rouen, du 7 juill. 1879 (*J. Av.*, t. 104, p. 432),
le mandat donné à un avoué par un créancier hypothécaire de produire dans un ordre, l'oblige, sous peine
de devenir responsable envers celui-ci du montant de sa
créance, à contredire le règlement provisoire, lorsqu'il
a pu s'assurer, notamment par l'examen de l'état d'inscriptions déposé au greffe, qu'un autre créancier hypothécaire y a été mal à propos colloqué à un rang antérieur
à celui de son client, sur lequel les fonds ont manqué;
l'avoué n'a pas besoin d'un mandat spécial pour former
ce contredit.

88 *bis*. Ainsi encore, il a été jugé à bon droit que,

lorsque le juge-commissaire, dans l'ignorance d'une décision passée en force de chose jugée qui devait assurer la collocation d'un créancier, a donné la priorité sur celui-ci à d'autres créanciers d'un rang inférieur, l'avoué de ce créancier, qui, connaissant la décision dont il s'agit, n'a pas par un contredit signalé l'erreur du juge-commissaire, est à bon droit déclaré responsable du préjudice qui en a été la suite. Riom, 5 juill. 1851 (*J. Av.*, t. 77, p. 80).

89. Le créancier ne peut d'ailleurs être réputé avoir renoncé à se prévaloir de la responsabilité de l'avoué, en pareil cas, par cela seul qu'il a retiré ses pièces d'entre les mains de celui-ci, ou qu'il a dirigé aussi une action en responsabilité contre le notaire qui a reçu l'acte constitutif de la créance allouée à tort avant la sienne et qui aurait frauduleusement dissimulé la date véritable de l'inscription de cette créance. Arrêt de Rouen, 7 juill. 1879, précité.

90. Mais l'obligation de contredire que le mandat de produire dans un ordre emporte pour l'avoué auquel il a été donné, ne va pas jusqu'à faire encourir une responsabilité à cet officier ministériel relativement à l'appréciation d'une question de droit ardue et controversée. Chauveau, quest. 283. Ainsi, il y a lieu de rejeter l'action en responsabilité que la partie qui n'a pas été colloquée en rang utile dans un ordre intente contre son avoué pour n'avoir pas fait valoir une subrogation tacite dans l'hypothèque légale de la femme du débiteur exproprié, alors que cette subrogation, que le titre de créance pouvait, à la vérité, permettre d'invoquer, n'était pas universellement admise par la jurisprudence. Trib. civ. d'Autun, 13 avril 1847 (*J. Av.*, t. 73, p. 115). — Comp. *suprà,* n° 21.

91. De même, l'avoué qui reçoit et accepte le mandat de produire dans un ordre, contracte bien l'obligation de contredire, pour assurer la collocation de son client, toutes les productions des autres créanciers vicieuses sous le rapport des formes ; mais ce mandat ne lui impose pas le devoir d'attaquer au fond les titres produits par ces créanciers, et notamment d'en demander l'annulation pour dol et fraude. Il lui faudrait pour cela un mandat spécial, à défaut duquel son client ne peut l'actionner en responsabilité. Bourges, 27 juin 1831 (S. 33. 2. 42) ; Dalloz, *Répert.*, v° *Ordre*, n° 200.

92. A plus forte raison, le mandat de produire ne comporte pas, pour l'avoué, le devoir d'attaquer par la voie de l'inscription de faux un titre dont l'admission nuirait à la collocation de la créance de son client ; l'inscription de faux étant une procédure exceptionnelle à laquelle l'avoué ne saurait recourir sans un pouvoir spécial. Angers, 24 sept. 1852 (*J. Av.*, t. 80, p. 434).

93. D'un autre côté, bien que l'avoué chargé de produire dans un ordre soit responsable, en principe, des fautes commises par lui dans l'exécution du mandat qu'il est réputé avoir reçu de faire colloquer son client pour le montant de la créance au rang qui lui appartient, et d'obtenir le bordereau de collocation destiné à lui faire payer par l'adjudicataire ou l'acquéreur la somme qui lui aura été allouée, cet officier ministériel ne saurait encourir aucune responsabilité à raison d'erreurs de calcul qui ont diminué le montant de la collocation de son client, et dont il a omis de demander le redressement par un contredit, s'il n'a pas eu la direction exclusive de la procédure, dans laquelle la partie est activement intervenue, soit par elle-même, soit par un autre conseil. Orléans, 13 nov. 1847 (*J. Av.*, t. 73, p. 36) ; Chauveau, quest. 2556.

94. Les contredits doivent être accompagnés d'explications propres à faire comprendre l'objet et le fondement de la contestation ; si bien que les frais des conclusions qu'il serait nécessaire de signifier pour expliquer un contredit pourraient être laissés à la charge de l'avoué du contredisant. Chauveau, quest. 2571 ; *S. alph.*, v° *Ordre,* n. 341 et suiv.

95. L'absence de contredit engagerait-elle la responsabilité de l'avoué, alors même qu'un contredit formé en temps utile n'eût pu avoir pour effet de relever le créancier de la déchéance qu'il avait encourue par suite du défaut de production ? Non évidemment, et c'est bien à tort que l'arrêt de la Cour de Bourges du 16 mai 1870 mentionné plus haut, n. 88 *bis*, a considéré l'avoué comme responsable en pareil cas.

96. L'avoué chargé par un vendeur de poursuivre contre l'acquéreur la saisie de l'immeuble vendu, est responsable du défaut de collocation de son client dans l'ordre ouvert plus tard, lorsque c'est, malgré l'absence de mention, dans le certificat délivré par le conservateur pour faire aux créanciers inscrits la sommation prescrite par l'art. 692, de l'inscription du privilège du vendeur, qu'il a fait procéder à l'adjudication, qui a entraîné au préjudice de ce dernier la déchéance du droit de résolution, seul recours qui lui restât à raison de la déclaration de faillite de l'acheteur, rendant désormais impossible toute inscription de privilège. Paris, 28 juin 1851 (*J. Av.*, t. 76, p. 558).

97. Suivant un arrêt de la Cour de Metz du 14 déc. 1852 (*J. Av.*, t. 79, p. 562), le premier devoir de l'ayoué chargé de poursuivre un ordre, est d'examiner l'état des inscriptions pour connaître les droits de son client et ceux des autres créanciers inscrits, et s'il s'aperçoit que

l'inscription de son client a besoin d'être renouvelée, il est tenu d'en opérer le renouvellement ou tout au moins d'avertir son client de la nécessité de renouveler lui-même cette inscription ; faute de quoi, il peut être déclaré responsable du défaut de collocation provenant de l'omission du renouvellement. — Bien que cette décision puisse sembler empreinte d'une certaine sévérité, les avoués doivent en tenir grand compte, afin de ne point s'exposer aux chances du procès en responsabilité que ne manqueraient pas de leur intenter les clients que l'absence de renouvellement de leur inscription empêcherait d'obtenir la collocation de leur créance. Voy. Chauveau, quest. 2557.

98. Jugé encore, avec un peu de rigueur peut-être : 1° que le mandat donné à un avoué par un débiteur exproprié de le représenter dans l'ordre ouvert pour la distribution du prix de ses biens et de sauvegarder ses intérêts, oblige le mandataire à requérir l'inscription d'un privilège qui appartient à ce débiteur, alors que les titres en vertu desquels cette inscription pouvait être requise lui ont été remis, et sans qu'il soit nécessaire, en pareil cas, que le mandat spécial de prendre inscription lui ait été conféré. Montpellier, 8 juill. 1862 (*J. Av.*, t. 89, p. 372) ; — 2° que l'avoué chargé par une femme mariée de poursuivre sa séparation de biens et de produire dans l'ordre ouvert sur le prix des immeubles de son mari, peut être considéré comme ayant reçu le mandat général de veiller à la conservation des créances de cette femme, et que celle-ci est recevable à prouver que ce mandat comprenait l'obligation spéciale de faire inscrire son hypothèque légale dans le délai de la purge. Cass., 26 juin 1855 (*J. Av.*, t. 81, p. 454 ; S. 56. 1. 423). — Compar. *infrà*, n°ˢ 144 et suiv.

99. Un avoué ne peut être passible de dommages-intérêts envers le débiteur pour lequel il a occupé dans un ordre, à raison de ce qu'il y a occupé en même temps pour un créancier qui a été utilement colloqué, s'il est reconnu, d'une part, que l'avoué n'a usé ni de dol, ni de fraude, et, d'autre part, que le débiteur n'a éprouvé, par son fait, aucun préjudice. Cass., 25 avr. 1855 (S. 55. 1. 628).

100. La responsabilité qu'un avoué avait encourue à raison d'une faute par lui commise dans une procédure d'ordre pèse également, s'il vient à se démettre de ses fonctions au moment de la clôture définitive de cet ordre, sur son successeur qui, dans le cas d'erreur manifeste du règlement définitif, n'a pas attaqué ce règlement par la voie de l'appel ou formé opposition à la délivrance des bordereaux de collocation. Mais l'obligation qui incombe aux deux avoués de réparer le préjudice causé par leur négligence n'est ni solidaire, ni indivisible ; il appartient au tribunal de déterminer la proportion dans laquelle chacun d'eux est tenu de contribuer à la réparation ; et il doit apprécier la responsabilité du successeur avec indulgence, lorsque c'est au moment de sa prise de possession de l'étude, que ce dernier aurait dû remplir les formalités omises, ou réparer les erreurs imputables au précédent titulaire, parce qu'il est juste de tenir compte de la difficulté éprouvée par le titulaire actuel à se mettre immédiatement au courant de toutes les affaires commencées par son prédécesseur. Trib. civ. de Nevers, 4 janv. 1870, déjà cité au n° 87. — Comp. l'arrêt de Bourges, 16 mai 1870, aussi mentionné plus haut, n° 88 *bis*.

101. Le pouvoir que l'art. 776, Cod. proc., confère au juge-commissaire de prononcer la déchéance soit de l'avoué poursuivant en cas d'inobservation des formalités et délais prescrits par les art. 753, 755, § 2, et 769, soit

de l'avoué commis qui n'a pas rempli les obligations à lui imposées par les art. 758 et 761, ne s'étend pas au cas où l'avoué aurait fait des actes nuls. Quelque irréguliers que soient ces actes, s'ils ont eu lieu dans les délais légaux, et pour l'accomplissement des formalités exigées, l'art. 776 ne saurait recevoir son application. Chauveau, quest. 2618 *ter*.

102. L'avoué qui a fait rendre un jugement de séparation de biens, à la suite duquel sa cliente a été colloquée pour le montant de sa dot dans l'ordre ouvert sur le prix des immeubles de son mari, n'encourt aucune responsabilité pour n'avoir point demandé la clôture de l'ordre après l'expiration des délais légaux, ce qui a permis (avant la loi du 21 mai 1858) à des créanciers retardataires de produire utilement et de contester la collocation de la femme, si, n'étant point le poursuivant, il a pu croire qu'il ne lui appartenait pas de requérir cette clôture. Limoges, 11 juill. 1839 (Dalloz, *Répert.*, v° *avoué*, n. 224).

103. En matière d'ordre, l'avoué doit, sous peine d'engager sa responsabilité envers le créancier pour lequel il occupe, non seulement donner connaissance à ce dernier du jugement rendu contre lui par le tribunal, mais encore l'avertir de la signification de ce jugement faite en son étude et lui transmettre l'acte de signification, pour le mettre à même d'exercer les voies de recours autorisées par la loi. Chambéry, 9 mars 1881 (*J. Av.*, t. 107, p. 470).

104. Toutefois, la déchéance du droit d'interjeter appel qui est résultée pour le client de la négligence de l'avoué, ne peut motiver de sa part une demande en dommages-intérêts contre celui-ci, s'il ressort des circonstances du procès que cette déchéance n'a été pour

lui la cause d'aucun dommage matériel. — Mais l'avoué est du moins passible de la réparation du préjudice moral qu'il a fait éprouver à son client en le privant du droit qu'il avait de soumettre à la juridiction supérieure l'examen de ses griefs, et d'obtenir, même en les supposant mal fondés, la garantie d'une complète et dernière discussion. Même arrêt.

105. En matière d'ordre, si le soin de faire signifier l'appel du jugement qui a statué sur les contredits est une suite naturelle et ordinaire du mandat donné à l'avoué, il n'en est pas une suite nécessaire et obligée. Ce mandat lui impose seulement le devoir de charger un huissier de cette signification et de le mettre à même de la faire utilement. Il ne saurait donc être déclaré responsable de la déchéance résultant de la tardiveté de l'appel, lorsqu'il a remis le dernier jour du délai l'original et les copies préparés de l'acte d'appel à un huissier qui ne s'est abstenu de signifier cet acte que par des considérations étrangères au moment auquel les pièces lui ont été remises. Douai, 17 mai 1854 (*J. Av.*, t. 79, p. 596).

106. La nullité de l'appel d'un jugement en matière d'ordre, résultant de ce qu'il a été signifié au domicile de l'intimé, au lieu de l'être au domicile de son avoué, selon le vœu de l'art. 762, Cod. proc. civ., engage-t-elle la responsabilité de l'avoué de première instance dans l'étude duquel l'acte d'appel a été rédigé et qui l'a remis à la partie? Un arrêt de la Cour d'Agen du 20 nov. 1863 (*J. Av.*, t. 90, p. 60) a résolu cette question négativement, bien que, dans l'espèce, la minute dressée chez l'avoué portât que la notification devait être faite au domicile de l'intimé, en se fondant sur ce que les actes d'appel ne sont pas du ministère des avoués de première ins-

tance, mais rentrent exclusivement dans les attributions des huissiers chargés de les signifier.

107. Péremption d'instance. — Il est hors de doute que l'avoué, chargé de mener à bonne fin l'instance introduite au nom de sa partie, est responsable de la péremption de cette instance qu'il a laissé s'accomplir par oubli ou négligence. Bastia, 10 nov. 1857 (S. 58. 2. 15).

108. Purge des hypothèques. — L'avoué qui a négligé de remplir les formalités de la purge des hypothèques, suivant le mandat que lui en avait donné un acquéreur, peut, à raison de cette faute, être condamné au paiement du montant des intérêts du prix que l'acquéreur aurait été dispensé de servir, si la purge avait été opérée. Paris, 11 janv. 1826 (Dalloz, *Répert.*, v° *Avoué*, n° 230).

109. Un avoué ne peut être considéré comme ayant fait sans mandat les notifications à fin de purge d'hypothèques inscrites, et comme responsable de ce qu'il a été offert, au nom de l'acquéreur, un prix dont celui-ci se prétendait libéré, s'il a procédé à ces notifications sur la remise de l'expédition du contrat d'acquisition et de la sommation à l'acquéreur de payer ou délaisser, que lui avait faite un notaire, gérant d'affaires de ce dernier. Douai, 29 juill. 1881 (*J. Av.*, t. 108, p. 160).

110. De même, l'erreur sur l'exigibilité du prix, commise par un avoué dans la notification d'un contrat d'acquisition aux créanciers inscrits, n'engage pas sa responsabilité, lorsqu'il n'a fait faire cette notification que sur l'ordre du notaire, qui était investi de toute la confiance de l'acquéreur. Trib. de Bar-sur-Aube, 1er août 1850 (*J. Av.*, t. 76, p. 435).

111. Et, en pareil cas, ce dernier ne peut non plus faire un grief à l'avoué de ne l'avoir pas averti que l'effet de la purge était de rendre le prix immédiatement exigible. Même jugement.

112. L'immeuble acquis par licitation passant entre les mains de l'adjudicataire libre des hypothèques dont les cohéritiers l'avaient grevé (Cass., 27 janv. 1857; S. 57. 1. 666), il n'y a pas lieu, en pareil cas, de transcrire le jugement d'adjudication et de remplir les formalités de la purge des hypothèques inscrites (Voy. mon *Tr. du part. de success.*, n° 551). Dès lors, l'avoué qui fait opérer cette transcription et qui procède à cette purge est responsable des frais frustratoires qu'elles occasionnent, sans pouvoir être admis à se prévaloir de l'autorisation ou même des instructions qu'il aurait reçues à ce sujet de son client. Alger, 11 févr. 1874 (*J. Av.*, t. 100, p. 29).— Sur ce dernier point, Voy. *suprà*, n° 23.

113. Rapports de l'avoué avec les autres officiers ministériels. — En règle générale, l'avoué, comme tout autre mandataire, oblige son mandant sans s'obliger lui-même dans les relations qu'il engage avec des tiers pour l'exécution de son mandat. Il n'est donc point personnellement tenu envers l'huissier à qui il a remis des actes à signifier, du paiement du coût des significations; c'est aux parties à la requête desquelles ont été signifiés les actes que l'huissier doit réclamer le paiement de ses frais.

114. Toutefois, cette règle n'est point absolue, et, par la force même des choses, elle reçoit de fréquentes exceptions. Ainsi, particulièrement, lorsque les clients pour lesquels un avoué charge un huissier de signifier des actes sont inconnus de celui-ci, il est manifeste que l'huissier suit uniquement la foi de l'avoué en consentant à prêter son ministère sans provision préalable, et l'on doit présumer que l'avoué lui-même, pour éviter de faire cette provision, dont il ne serait pas toujours facile de déterminer le chiffre, entend se constituer personnellement débiteur des frais de signification envers l'huissier. Bourges, 11 juill. 1840 (*J. Huiss.*, t. 28, p. 187; S. 41. 2. 481).

115. Et l'on décide, en effet, que l'avoué qui confie aux huissiers, sans l'intermédiaire des clients, les significations à faire au nom de ceux-ci, est, comme se substituant aux clients vis-à-vis des huissiers, responsable envers ces derniers des frais qui leur sont dus. Bruxelles, 4 nov. 1815; Bourges, 11 juill. 1840, précité; Rennes, 28 janv. 1864 (*J. Av.*, t. 90, p. 136); *S. alph. L. pr. civ.*, v° *Ajournement*, n° 147 *bis*.

116. L'action de l'huissier contre l'avoué est surtout incontestable, lorsque les deux officiers ministériels sont en correspondance habituelle, et que l'avoué est dans l'usage de faire à l'huissier des paiements partiels qui ne s'appliquent pas plus à tel acte qu'à tel autre. *Encycl. des Huiss.*, v° *Avoué*, n° 39.

117. Mais, en dehors de ces hypothèses et de toutes celles dans lesquelles les juges constateraient une obligation personnelle de l'avoué, ce dernier est fondé à se retrancher derrière la règle de droit commun rappelée plus haut, et à laquelle il n'est pas permis de substituer une prétendue présomption légale qui rendrait l'avoué responsable des frais d'actes de procédure dus à l'huissier, par cela seul que ces actes se trouveraient dans son dossier. *S. alph. L. pr. civ.*, v° *Avoué*, n° 44.

118. Jugé, en effet, que l'obligation directe et personnelle de l'avoué ne saurait résulter du fait seul qu'il se trouve détenteur d'actes dont le coût est dû à un huissier; mais qu'il appartient aux juges d'apprécier les circonstances qui sont de nature à établir cette obligation personnelle. Cass., 27 août 1872 (*J. Av.*, t. 98, p. 53).

119. Le principe que l'avoué n'est pas responsable des frais dus aux officiers ministériels à l'intermédiaire

desquels il a eu recours pour faire, dans l'intérêt d'un client, des actes de procédure qu'il ne pouvait accomplir lui-même, s'applique incontestablement au cas où un avoué, ayant deux clients dont les intérêts sont opposés, charge un autre avoué d'occuper pour l'un d'eux. Toutefois, si c'est avec promesse de payer les frais qui seraient faits pour ce dernier, dont il n'ignorait pas l'insolvabilité, qu'il a confié ses intérêts à un confrère duquel ce même client était complètement inconnu, aucun doute que ce confrère ne soit fondé à le rendre garant de ces frais, lorsque surtout il ne s'est point mis directement en rapport avec celui dont il a accepté la défense dans de telles conditions.

120. La nullité d'un acte d'appel, résultant de ce qu'il a été signifié avant l'expiration de la huitaine à dater de la prononciation du jugement, engage la responsabilité de l'avoué, et non celle de l'huissier, lorsque ce dernier officier ministériel a reçu du premier l'exploit tout rédigé. Aix, 17 juin 1828 (Dalloz, v° *Avoué*, n° 235.)

121. Le notaire qu'un avoué a chargé de rédiger des actes dans l'intérêt de ses clients, ne peut recourir contre cet officier ministériel pour le paiement des frais qui lui sont dus à raison de ces actes, alors surtout que, par l'effet de la prescription que le notaire a laissé s'accomplir, l'avoué se trouve privé de toute action contre les débiteurs. Paris, 21 janv. 1813 (Dalloz, v° *Avoué*, n° 234).

122. L'avoué auquel un huissier a remis des affaires, après en avoir avancé les premiers frais, est tenu du remboursement de ces frais envers celui-ci, malgré l'insolvabilité de la partie qui les doit, s'il n'a fait connaître cette insolvabilité à l'huissier qu'à une époque où il ne pouvait plus prendre les mesures nécessaires pour sauvegarder sa créance. Trib. civ. de Grenoble, 5 juin 1878 (*J. Av.*, t. 104, p. 186). Mais il n'en est ainsi, bien entendu,

qu'autant que l'insolvabilité est survenue depuis la remise des affaires par l'huissier à l'avoué.

123. L'huissier qui a été désavoué pour avoir signifié, sans en avoir reçu un pouvoir direct ou indirect, une opposition à un jugement commercial par défaut, n'a de recours, en garantie, à raison de la condamnation à des dommages-intérêts qu'il a subie par suite de l'admission du désaveu, que contre la personne qui lui a adressé l'acte d'opposition avec ordre de le signifier, et non contre l'avoué dans l'étude duquel cet acte a été seulement rédigé, ni contre l'avoué auquel l'original a été remis pour donner suite à l'instance et qui ne s'est pas présenté. Trib. civ. de Nîmes , 10 janv. 1863 (*J. Av.*, t. 88, p. 218).

124. C'est à tort évidemment qu'il a été jugé que l'avoué qui a été chargé par un acquéreur de notifier son contrat aux créanciers inscrits, est responsable des nullités dont les notifications sont viciées, bien que ces notifications aient été rédigées par l'huissier commis, et par cela seul que celui-ci les a soumises à son examen. Metz, 31 mars 1821 (Dalloz, v° *Vente*, n° 829).

125. Il a été décidé plus exactement que l'avoué chargé d'une poursuite n'est pas responsable envers son client de la nullité de l'exploit de commandement, qui n'est imputable qu'à l'huissier par lequel a été signifié cet acte. Cass., 21 fév. 1821 (Dalloz, v° *Responsabilité*, n° 675).

126. **Recouvrement de créance.** — L'avoué qui, ayant accepté le mandat de poursuivre en justice le recouvrement d'une créance et pris l'engagement d'assurer le recouvrement de cette créance par toutes les voies légales, est resté détenteur du titre, doit suivre l'affaire jusqu'à sa solution définitive, et il est responsable de sa négligence envers le créancier, si elle a eu

pour résultat de faire perdre à celui-ci, dans une procédure d'ordre, ses droits de premier créancier inscrit. Cass., 5 août 1879 (*J. Av.*, t. 107, p. 232).

127. Vainement, pour se soustraire à cette responsabilité, l'avoué prétendrait-il que le mandat accepté par lui avait pris fin avec la tentative d'ordre amiable dont le prix des immeubles du débiteur de son client avait été l'objet, et lors de laquelle il avait représenté ce dernier conformément à ses instructions, alors que, malgré la connaissance qu'il a eue de l'ouverture de l'ordre judiciaire par la notification faite au domicile élu en son étude de la sommation adressée à son client de produire dans cet ordre, il s'est abstenu de demander à celui-ci des instructions nouvelles, et est demeuré dans l'inaction jusqu'à ce qu'il ait été atteint par la déchéance. Rennes, 23 déc. 1878 (*Ibid.*)

128. Le mandat donné à un avoué de poursuivre le recouvrement d'une créance ne renferme pas le pouvoir d'en recevoir le paiement. Colmar, 18 avril 1806 (S., coll. nouv., 2. 2. 134); même lorsqu'il a été signifié au débiteur un commandement de payer au domicile élu, dans cet acte, en l'étude de l'avoué. Bruxelles, 9 janvier 1812 (*Id.*, 4. 2. 7).

129. Aussi a-t-il été jugé que l'avoué qui, sans pouvoir spécial, a reçu un paiement pour son client, est responsable de la dépréciation que les valeurs au moyen desquelles ce paiement a été effectué ont subie pendant le temps qu'elles sont restées entre ses mains. Colmar, 18 avril 1806, précité.

— Compar. ci-dessus, n°s 64 et suiv.

130. **Restitution de pièces.** — L'avoué qui détient les pièces d'une partie sans motif légitime est res-

ponsable du préjudice que le retard du dessaisissement de ces pièces a occasionné à celle-ci, et consistant soit dans la survenance de l'insolvabilité des débiteurs, soit dans l'accomplissement de la péremption d'inscriptions hypothécaires. Rennes, 13 janv. 1820 (*J. Av.*, t. 5, 360; S., coll. nouv., 6. 2. 183).

131. Un avoué de première instance n'est point en droit de se refuser à remettre entre les mains d'un avoué d'appel des pièces qu'il détient et dont la Cour a ordonné la communication, sous une sanction pécuniaire. Vainement, pour dégager sa responsabilité, arguerait-il de ce qu'il a ultérieurement consenti à communiquer ces pièces sous la condition du paiement de frais qui lui étaient dus. Cette condition n'était pas admissible à l'égard de parties qu'il avait, par sa faute, empêchées d'exécuter l'arrêt les condamnant à une indemnité de retard. Rouen, 3 mai 1875 (S. 77. 2. 7).

132. L'avoué qui a déposé des pièces entre les mains d'un notaire chargé par son client d'effectuer un paiement pour lequel ces pièces étaient nécessaires, étant présumé les avoir remises au notaire par l'ordre du client, cesse d'être responsable de ces pièces, et se trouve affranchi de l'obligation d'en faire personnellement la restitution. Cass., 5 janv. 1852 (S. 53. 1. 216). Conf., Dalloz, vᵒ *Responsab.*, nᵒ 466.

133. **Saisie-arrêt.** — On ne saurait douter que, puisque l'avoué est responsable de la mauvaise direction donnée par lui aux poursuites dont il a pris l'initiative (Voy. *suprà*, nᵒˢ 15 et suiv.), il ne doive être condamné aux frais d'une saisie-arrêt qu'il a fait pratiquer au nom d'un client qui avait mis en lui toute sa confiance et lui avait laissé toute liberté d'action, lorsque cette saisie a porté sur des sommes insaisissables ou n'existant plus

entre les mains du tiers saisi. Montpellier, 12 mars 1857 (*J. Av.*, t. 82, p. 374).

134. L'huissier qui a accepté le mandat de pratiquer une saisie-arrêt avant une date déterminée, et l'avoué qu'il a chargé et qui a également accepté le mandat d'obtenir la permission du juge nécessaire pour faire cette saisie, peuvent être déclarés l'un et l'autre responsables, si la saisie n'a eu lieu qu'après la date indiquée : le premier comme n'ayant pas fait toutes les démarches voulues pour recevoir du second en temps utile l'ordonnance portant permission de saisir, et celui-ci, comme n'ayant pas mis assez de diligence à faire répondre la requête. Trib. civ. de la Seine, 29 août 1873 (*J. Huiss.*, t. 55, p. 95).

135. Lorsqu'un avoué, qui avait été chargé de faire exécuter un jugement validant par défaut une saisie-arrêt, a, sur l'ordre que lui a donné plus tard son client de poursuivre sur l'heure ou de lui restituer les pièces, renvoyé le dossier à celui-ci et reçu de lui le paiement de ses frais, il ne saurait être rendu responsable de la perte d'une partie de la créance du client résultant de la survenance d'autres saisies-arrêts avant l'exécution du jugement par défaut, si la restitution des pièces a eu lieu assez tôt pour que la partie pût faire procéder elle-même à cette exécution en temps utile. Vainement cette dernière reprocherait-elle à son avoué la négligence qu'il a apportée dans la poursuite, alors que ce n'est pas cette négligence, mais bien son propre retard à achever la procédure après le retrait des pièces, qui a amené la perte qu'elle a subie.

136. **Saisie immobilière.**—Le pouvoir de poursuivre une saisie immobilière, donné à un avoué, contient implicitement le mandat de faire tous les actes

ultérieurs de la procédure. On ne saurait donc faire un grief à cet avoué d'avoir, sans mandat spécial, fixé la mise à prix de l'immeuble saisi. Aix, 5 mai 1870 (*J. Av.*, t. 95, p. 377); *S. alph. L. proc. civ.*, v° *Saisie immob.*, n° 701.

137. Le mandat *ad litem* donné par un créancier à l'avoué qui le représente dans une poursuite de saisie immobilière renferme même le pouvoir de demander la subrogation à cette poursuite pour cause de collusion, de fraude ou de négligence de la part du saisissant; l'avoué n'a pas besoin non plus, en pareil cas, de se munir d'un pouvoir spécial. Cass., 5 mars 1838 (*J. Av.*, t. 54, p. 354; S. 38. 1. 321); Chambéry (*J. Av.*, t. 109, p. 415); Chauveau, quest. 1102; Dalloz, *Rép.*, v° *Vent. publ. d'imm.*, n° 1097.

138. Mais cet avoué commet une faute qui le rend passible de dommages-intérêts, s'il fait subroger son client dans une poursuite annulée plus tard, sans avoir eu soin de s'assurer préalablement que le droit de propriété exclusive du débiteur sur les immeubles saisis était à l'abri de toute contestation. Et il est surtout soumis à cette responsabilité, lorsque, sachant que le débiteur avait un cohéritier, circonstance qui lui imposait l'obligation de vérifier l'origine des biens saisis, il n'a pas recherché si ce cohéritier avait sur ces mêmes biens un droit de copropriété mettant obstacle à la poursuite. Chambéry (*J. Av.*, t. 109, p. 415).

139. La faute de l'avoué, en pareil cas, prend encore plus de gravité, quand, d'une part, il n'a point, avant le jugement qui a prononcé la nullité de la saisie, fait connaître à son client l'incident auquel donnait lieu la prétention élevée par le cohéritier, et que, d'autre part, après avoir reçu la signification de ce jugement, il ne l'a

pas communiqué à son client pour qu'il pût en interjeter appel, s'il le jugeait à propos. Même arrêt.

140. Le droit que l'art. 723 donne au subrogé de se faire remettre les pièces de la procédure par le poursuivant, ne peut être exercé contre l'avoué de ce dernier (Voy. Dalloz, n° 116); et c'est à tort qu'un auteur (Jacob, t. 2, p. 9) enseigne que cet avoué peut être condamné à la remise des pièces personnellement, avec dommages-intérêts par chaque jour de retard.

141. En matière de saisie immobilière, le défaut de sommation à un ou à plusieurs créanciers inscrits de prendre communication du cahier des charges, n'engage que la responsabilité du conservateur des hypothèques, s'il provient de l'omission de ces créanciers dans le certificat délivré par ce dernier au poursuivant. Mais la responsabilité retombe sur l'avoué ou sur l'huissier, quand il y a eu négligence de la part de l'un ou de l'autre de ces officiers ministériels, en ce qu'ils ont eux-mêmes oublié des créanciers portés à ce certificat. Chauveau, quest. 2329 ; *S. alph.*, v° *Saisie imm.*, n°ˢ 727 à 730.

142. Un mandat spécial n'est pas nécessaire pour permettre à l'avoué d'un intéressé de demander la conversion d'une saisie immobilière en vente volontaire. L'avoué, disait à ce sujet la Cour d'Angers dans ses observations lors de la préparation de la loi de 1841, l'avoué est toujours le mandataire légal de la partie pour le choix des moyens à l'aide desquels il essaie de faire triompher ses réclamations ; c'est à lui qu'il incombe de la consulter toutes les fois que sa responsabilité envers elle lui en fait un devoir. Il doit toujours être réputé en avoir reçu, dès la remise des pièces, le mandat et les instructions dont il avait besoin pour régler sa conduite en toute occurrence. » Voy. Chauveau, quest. 2450.

143. C'est d'après ces principes que la Cour de cassation a jugé, le 7 avril 1852 (*J. Av.*, t. 77, p. 645; S., 52. 1. 545), que l'avoué de la partie saisie qui a obtenu la conversion de la saisie en vente volontaire peut, sans nouveau mandat, demander l'autorisation de vendre l'immeuble en plusieurs lots. Ce pouvoir de l'avoué est d'autant moins douteux, qu'il ne s'agit là que d'exécuter le jugement de conversion.

144. **Séparation de biens.** — L'avoué de la femme demanderesse en séparation de biens est tenu de veiller à ce que le jugement qui prononce cette séparation soit publié dans la quinzaine, et il doit être déclaré responsable du retard qu'éprouverait la publication, parce que la femme, à qui le jour de la prononciation peut être inconnu, est censée s'en être remise à son avoué du soin de prévenir une nullité qu'elle est elle-même inhabile à empêcher. L'avoué n'échapperait à cette responsabilité qu'en justifiant que, dans la quinzaine, il a remis ou offert de remettre toutes les pièces à la femme, moyennant le paiement des frais qu'il a avancés. Voy. Limoges, 11 juill. 1839 (D. p. 40. 2. 60); Rodière et Pont, *Contr. de mar.*, n. 851; Bioche, *Dict. de proc.*, v° *Sépar. de biens*, n. 52; mon *Traité de la sépar. de biens judic.*, n. 173.

145. L'avoué, au contraire, ne saurait être responsable du défaut d'exécution du jugement de séparation de biens dans la quinzaine, à moins qu'il n'eût reçu de la femme à cet égard un mandat spécial. Arrêt précité de Limoges; Nîmes, 11 juill. 1839 (*J. Av.*, t. 58, p. 82); Trib. civ. d'Orange, 25 avril 1849 (*Id.*, t. 81, p. 554).

146. Du reste, les circonstances particulières de la cause peuvent permettre de décider que l'avoué a tacitement accepté le mandat de pourvoir à cette exécution.

Limoges, 11 juil. 1839, précité; surtout lorsqu'elle doit se réduire à un simple procès-verbal de carence. Grenoble, 8 juill. 1859 (S. 59. 2. 650).

147. Et un tel mandat résulte suffisamment soit de ce que la femme avait placé en son avoué toute sa confiance et qu'il l'a dirigeait seul dans son action en séparation, soit de ce que l'avoué est resté nanti des pièces de la procédure. Même arrêt de Limoges, 11 juill. 1839.

148. **Séquestre.** — L'avoué qui, après s'être fait nommer séquestre d'une succession, a intenté une action en nullité du testament du défunt, dont son client a dû ensuite se désister par le motif qu'il n'existait entre ce dernier (enfant naturel) et la famille du demandeur aucun lien de parenté civile, est justement déclaré responsable des frais auxquels son client a été condamné, lorsqu'il est établi que, loin de se borner à agir sur l'ordre formel et avec la ratification de celui-ci, il a dirigé la procédure comme il l'a entendu, le client, simple ouvrier, sans connaissance des affaires, s'en étant rapporté à lui, et que c'est uniquement en vue de sa nomination comme séquestre, qu'il a introduit une action dont il n'ignorait point l'inanité. Cass., 26 nov. 1883 (aff. Ruchon c. Avignon).

149. **Serment.** — Un avoué n'a pas le droit de déférer le serment décisoire sans un mandat spécial, parce que le serment n'est pas un acte ordinaire de procédure, et qu'il renferme une transaction qui ne rentre point dans les pouvoirs que l'avoué tient du mandat *ad litem.* Cass. 27 avril 1831 (Dalloz, *Rép.* v° *Oblig.*, n. 5214); Rouen, 14 juin et 2 août 1834 et 30 janv. 1838 (*Ibid.*); 21 fév. 1842 (S. 42. 2. 262); Nîmes, 12 janv. 1848 (S. 48. 2. 393); Rennes, 6 août 1849 (D. p. 51. 2. 136); Dalloz, *verb. cit.*, n° 5228.

150. Surenchère. — La surenchère sur expropriation forcée est au nombre des actes de procédure que
l'avoué peut faire sans un mandat particulier de la partie
qu'il représente. L'art. 708 du Code de procédure civile
actuel se borne, en effet, à prescrire que cette surenchère
soit faite *par le ministère d'un avoué*, au lieu d'exiger,
comme l'art. 710 de l'ancien Code, une déclaration en
personne ou *par un fondé de procuration spéciale*. Rodière, *Compét. et proc. civ.* t. 2, p. 332; Petit, *Surenchère*, p. 81; Chauveau, quest. 2386 *quater*.

151. L'avoué de l'adjudicataire ne pourrait surenchérir sur ce dernier sans manquer aux devoirs que lui impose son mandat. Limoges, 29 mai 1852 (*J. Av.*, t. 77,
p. 466); Dalloz, *Répert.*, v° *Surenchère*, n° 302; Bioche,
Dict. de proc., *eod. verb.*, n° 255; Chauveau, quest. 2395.
Voy. toutefois ce dernier auteur, quest. 2390.

152. Il semble qu'à plus forte raison l'avoué du poursuivant ne peut occuper pour un surenchérisseur. Pour-
tant un arrêt de la Cour de Riom du 22 nov. 1841 (Journ.
de cette Cour, 1841, n° 137) a admis que les deux man-
dats ne sont pas inconciliables.

153. Dans le cas où, contrairement à son devoir, le
greffier se transporte, pour recevoir une surenchère, au
domicile de l'avoué du surenchérisseur, la responsabilité
de cet avoué n'est pas engagée, si le choix de son domicile n'a été déterminé que par son état de maladie et par
la circonstance que l'on était au dernier jour du délai de
huitaine, et que, ce jour étant un dimanche, le greffe se
trouvait fermé. Montpellier, 2 fév. 1875 (*J. Av.*, t. 100,
p. 346).

154. L'avoué n'a pas besoin d'être muni d'une procuration spéciale pour faire une réquisition de surenchère
sur aliénation volontaire. Le mandat soit de faire toutes

surenchères, soit même d'exproprier l'immeuble qui a été aliéné volontairement, est suffisant. Comp. Aix, 25 pluv. an XIII; Paris, 25 mars 1811 ; Bourges, 25 fév. 1840 (*J. Av.*, t. 60, p. 251) ; Bioche, v° *Surenchère*, n° 116 ; Dalloz, *eod. verb.*, n° 124. En tout cas, l'acquéreur surenchéri n'est pas recevable à exciper de ce que l'avoué qui a requis la surenchère aurait en cela outrepassé le mandat qu'il avait reçu ; le mandant seul pourrait être recevable à s'en plaindre. Trib. civ. de la Seine, 11 mars 1874 (*J. Av.*, t. 99, p. 228).

155. Mais l'avoué peut-il, sans mandat spécial, faire une soumission de caution pour le créancier au nom duquel il a surenchéri, et déposer au greffe les titres justificatifs de sa solvabilité ? L'affirmative a été consacrée par un arrêt de la Cour de Paris du 2 juill. 1830 (*J. Av.*, t. 40, p. 37), qu'approuvent MM. Chauveau, quest. 2470, et Bioche, v° *Surenchère*, n° 144. Au contraire, M. Dalloz, *eod. verb.*, n° 169, critique cette décision, comme donnant une trop grande extension au mandat légal de l'avoué. Un pouvoir spécial lui paraît nécessaire pour contracter, au nom d'une partie, un engagement aussi parfaitement désintéressé que celui qui résulte d'un cautionnement, et pouvant entraîner les plus graves conséquences. Mais le caractère onéreux de l'engagement ne suffit point pour faire décider qu'il ne peut être souscrit qu'en vertu d'un mandat spécial. Par cela seul qu'il est une suite naturelle du mandat de surenchérir, il est permis de le considérer comme compris dans ce mandat, qui, ainsi qu'on vient de le voir, s'accommode d'une certaine généralité.

156. L'avoué de l'adjudicataire dans l'étude duquel a été remise par erreur la copie de la dénonciation d'une surenchère, destinée à l'avoué du poursuivant, n'étant obligé en vertu d'aucune disposition légale, ni de rendre

cette copie à l'huissier, ni de signaler à cet officier ministériel ou à ceux pour lesquels il a exploité, l'interversion des copies, on ne peut lui imputer aucune faute et il ne saurait encourir aucune responsabilité, s'il n'a pas pris ce soin. Cass. ,28 janv. 1879 (S. 79. 1. 358).

157. Transcription. — L'avoué qui a obtenu un jugement sujet à transcription n'est pas de plein droit obligé de le soumettre à cette formalité. Son mandat ordinaire est limité aux actes de postulation qui ont pour objet l'obtention du jugement, sa levée et sa signification. Pour le faire transcrire, il lui faudrait un pouvoir spécial. Troplong, *Transcript.*, n° 141 ; Flandin, *Id.*, n° 824; Dalloz, v° *Transcript*, n° 454. C'est par dérogation aux principes généraux, que l'art. 4 de la loi du 23 mars 1855 le charge de faire mentionner tout jugement prononçant la résolution, nullité ou rescision d'un acte transcrit, en marge de la transcription de cet acte. Voy. *infrà*, § 2.

158. L'avoué qui, après l'expiration de son mandat, et sans pouvoir spécial, a requis la transcription d'un jugement d'adjudication par licitation, est personnellement débiteur du droit envers la régie, sans que cette dernière soit fondée à en réclamer subsidiairement le paiement à la partie que représentait l'avoué dans la procédure de licitation, et qui ne peut plus être considérée comme partie intéressée. Trib. civ. de Montargis, 23 juin 1879 (*J. Av.*, t. 105, p. 252).

159. Lorsque le droit proportionnel de transcription n'a pas été perçu sur la transcription, requise par un avoué, d'un acte soumis à cette formalité, tel, par exemple, qu'un jugement d'adjudication par licitation prononcé au profit d'un étranger, la régie peut poursuivre le recouvrement de ce droit tant contre l'avoué qui a requis la transcription que contre l'adjudicataire,

sauf le recours de l'avoué contre son client. Trib.,
civ. de Ribérac, 30 août 1878 (*J. Av.*, t. 104, p. 459).
Tandis que la régie n'est recevable à diriger sa réclamation que contre l'avoué, sans que celui-ci puisse
recourir contre sa partie, quand cet officier ministériel a
présenté à la transcription un acte qui n'est pas assujetti
à cette formalité, comme un jugement d'adjudication par
licitation rendu au profit d'un cohéritier. Trib. civ. de
Périgueux, 28 juin 1878 (*Ibid.*)

§ 2. — RESPONSABILITÉ DÉRIVANT DE PRESCRIPTIONS SPÉCIALES.

**160. Actes et procédures nuls ou frustra-
toires.** — D'après un arrêt de la Cour de Nancy du
19 janv. 1844 (*J. Av.*, t. 66, p. 274), l'avoué qui signifie
des conclusions moins de trois jours avant l'audience
fixée pour les plaidoiries, peut, lorsque cette tardiveté
nécessite une remise de cause, être condamné personnellement aux dépens de l'audience, particulièrement
dans le cas où, une partie ayant refusé de se faire assister d'un avocat, il était d'autant plus nécessaire de lui
faire connaître d'avance les moyens que la partie adverse
entendait lui opposer, et dont l'examen exigeait de sa
part un temps considérable.

Les particularités de l'espèce peuvent justifier cette
solution; mais, en général, l'inobservation de l'art. 70
du décret du 30 mars 1808 prescrivant aux avoués de
signifier leurs conclusions trois jours au moins avant de
se présenter à l'audience, soit pour plaider, soit pour
poser qualités, n'est pas une cause de nullité (Paris,
18 avril 1864 et 28 juin 1872, *J. Av.* t. 89, p. 228, et
t. 97, p. 319; Amiens, 9 juin 1864, *Id.*, t. 90, p. 351);

surtout si le débat a été accepté sans réclamation à cet égard (Caen, 14 avril 1866, *J. Av.*, t. 91, p. 397 ; Cass., 6 mai 1867 et 5 janv. 1874, *Id.*, t. 93, p. 125, et t. 100, p. 252), et à plus forte raison dans une instance introduite par assignation à bref délai (Paris, 18 avril 1864, précité). Aucune condamnation personnelle aux dépens ne peut dès lors, dans les cas ordinaires et plus particulièrement dans ceux que je viens d'énoncer, être prononcée contre l'avoué qui a signifié des conclusions tardivement, puisqu'on ne peut dire qu'il ait excédé les bornes de son ministère, selon les prévisions de l'art. 132, Cod. proc. civ.

161. La disposition de l'art. 293 du même Code, d'après laquelle, lorsqu'une enquête est déclarée nulle par la faute de l'avoué ou de l'huissier, la partie peut en répéter les frais contre eux, et même leur réclamer des dommages-intérêts en cas de manifeste négligence, met de droit les frais à la charge de l'officier ministériel, mais laisse à l'appréciation du tribunal le point de savoir si une condamnation à des dommages-intérêts doit être prononcée, ou si, l'erreur de l'officier ministériel étant excusable, il convient de l'affranchir de cette condamnation. Dalloz, *Répert.*, v° *Enquête*, n° 452.

162. Bien que, pour présenter requête au juge commis à une enquête, il soit plus prudent de ne pas attendre le dernier jour utile, l'avoué n'engage cependant pas sa responsabilité en ne remplissant cette formalité qu'à l'extrême limite du délai prescrit par l'art. 257, Cod. proc. Peu importe que le juge commis se trouve alors absent, si, pour obvier à cet inconvénient, l'avoué présente la requête au président et met ainsi ce magistrat en demeure d'aviser. Besançon, 26 déc. 1882 (*J. Av.*, t. 108, p. 368).

163. Pour que les officiers ministériels puissent être condamnés à supporter les frais des actes nuls ou frustratoires, conformément à l'art. 1031, Cod. proc. civ., il faut qu'il y ait eu de leur part dol, impéritie ou faute lourde. Toulouse, 10 juin 1825 (S., coll. nouv., 8. 2. 87); Chauveau, Suppl., quest. 3395 *bis*. — Par exemple, c'est incontestablement avec raison qu'un avoué qui, chargé d'intenter une action en revendication , avait dirigé la procédure contre une personne sans qualité et avait occupé à la fois pour le demandeur et le défendeur, a été condamné aux dépens de l'instance. Rennes , 21 juill. 1853 (*J. Av.*, t. 79, p. 391).

164. Quant aux dommages-intérêts que l'art. 1031 permet, en outre, d'allouer en pareil cas, les officiers ministériels n'y peuvent être condamnés qu'autant qu'un préjudice certain et appréciable a été illégalement causé à la partie. Par conséquent, si l'avoué qui, ayant reçu du tiers détenteur d'un immeuble, le mandat de diriger une procédure de délaissement, a laissé inachevée cette procédure, dont la nullité a été judiciairement prononcée, doit être soumis, de la part du tiers détenteur, contraint de payer, à un recours pour la réparation du préjudice qu'il lui a causé par son inaction (Dijon, 23 avril 1869, *J. Av.*, t. 94, p. 360), c'est à bon droit, au contraire, que les juges refusent de prononcer une condamnation à des dommages-intérêts contre un officier ministériel à raison de l'annulation d'un acte de procédure, par le motif qu'au fond son client n'eût pas obtenu gain de cause. Colmar, 15 juin 1857 (*J. Av.*, t. 83, p. 111); Nîmes, 10 fév. 1859 (*Id.* t. 84, p. 596) ; Chambéry, 1er mai 1868 (*Id.*, t. 93, p. 413); Grenoble, 25 juin 1875 (*Id.*, t. 101, p. 458).

165. Par un arrêt du 15 nov. 1862 (*J. Av.*, t. 88,

p. 84), la Cour de Bourges a décidé que le créancier qui, étant intervenu dans une instance sur incident en matière de distribution par contribution, et ayant obtenu un jugement qui ordonnait l'emploi des dépens de son intervention en frais privilégiés, a ensuite succombé sur l'appel de ce jugement, est en droit d'exercer, pour les dépens de l'instance d'appel auxquels il a été condamné, un recours en garantie contre l'avoué de première instance, auteur et responsable de la procédure frustratoire qui a donné lieu à cet appel. — Cette solution n'est qu'une application juridique du principe suivant lequel les officiers ministériels peuvent être déclarés responsables des conséquences des procédures nulles ou frustratoires qu'ils ont faites.

166. L'avoué qui, chargé de poursuivre la liquidation et le partage d'une succession, a omis d'y comprendre un héritier dont l'existence lui était connue, et les avoués des défendeurs qui, au lieu de demander la réparation de cette omission, se sont bornés à s'en rapporter à justice, doivent être déclarés responsables des frais frustratoires de cette procédure irrégulière. Angers, 29 juill. 1843 (Dalloz, v° *Succession*, n° 1582).

167. Les frais d'une instance inutile doivent être laissés à la charge de l'avoué, encore bien qu'il l'ait introduite à la prière et sur les instances de son client. Bordeaux, 22 août 1871 (*J. Av.*, t. 97, p. 46). L'ordre même que l'avoué aurait reçu du client d'engager une procédure frustratoire, par exemple, de poursuivre le tiers détenteur d'un immeuble hypothéqué par action principale, au lieu de se conformer aux prescriptions de l'article 2169, Cod. civ., ne saurait le faire échapper à la responsabilité des frais de cette procédure. Colmar., 13 janv. 1821 (Dalloz, v° *Frais et dépens*, n° 901). L'avoué

ne doit céder ni à la prière ni à l'ordre d'une partie qui lui demande de faire des frais inutiles.

168. La signification d'un jugement faite à une partie qui n'est frappée par ce jugement d'aucune condamnation et qui n'aurait pas le droit d'en interjeter appel, est une formalité frustratoire dont les frais doivent rester à la charge de l'officier ministériel duquel elle émane. Telle la signification, à une partie qui, ayant cédé tous ses droits à la partie adverse, a, du consentement de toutes les autres parties, cessé de figurer dans l'instance, du jugement qui a terminé cette instance et qui ne prononce contre elle aucune condamnation. Cass., 18 juin 1856 (S. 56. 1. 823). Voy. aussi Cass., 25 fév. 1834 (S. 34. 1. 196).

169. Les frais d'actes que l'avoué a faits frustratoirement doivent rester à sa charge, alors même qu'il aurait cru ces actes nécessaires, si leur inutilité ne pouvait être douteuse. Il en est ainsi, notamment, des frais de signification aux parties de jugements ayant le caractère d'actes de juridiction volontaire, comme ceux rendus en matière de conversion de saisie immobilière en vente sur publications volontaires. Cass., 10 nov. 1858 (S. 59. 1. 686).

170. Mais il n'y a pas lieu de laisser à la charge de l'avoué comme frustratoires les frais d'une signification de jugement (par exemple, de la signification préalable à avoué, dans le but de faire courir le délai d'appel) sur la nécessité de laquelle la jurisprudence et la doctrine étaient incertaines au moment où elle a été faite. Orléans, 19 juin 1855 (S. 55. 2. 775).

171. Les frais faits par un avoué pour la notification de contrats d'acquisition à des créanciers dont les inscriptions étaient mentionnées dans l'état délivré par le conservateur, ne peuvent être considérés comme frustratoires et laissés en conséquence à la charge de cet avoué,

bien que quelques-unes de ces inscriptions fussent périmées ou rayées, si, à raison notamment du morcellement des terrains vendus, l'avoué n'eût pu négliger tout ou partie de ces mêmes inscriptions, sans engager imprudemment sa responsabilité. Cass., 7 juill. 1868 (*J. Av.*, t. 94, p. 101 ; S. 68. 1. 426).

172. L'avoué à la charge duquel ont été laissés comme frustratoires les frais de poursuites dirigées par lui contre les débiteurs de son client, n'a pas le droit de les répéter contre ce dernier à titre d'avances faites en exécution de son mandat. Paris, 5 mai 1826 ; Cass., 26 déc. 1837 (Dalloz, v° *Avoué*, n° 242).

173. Toutefois, les juges, en mettant à la charge d'un avoué les frais d'une procédure qu'ils déclarent avoir été frustratoirement faite, peuvent réserver à cet officier ministériel son recours contre le client qui lui aurait donné le mandat spécial d'engager cette procédure. Cass., 19 août 1835 (Dalloz, v° *Avoué*, n° 242).

174. La liberté d'appréciation que l'art. 1031 laisse aux juges quant aux dommages-intérêts et à la suspension des fonctions, dont il dispose que les officiers ministériels seront passibles, *suivant l'exigence des cas*, ne s'applique point aux frais des procédures ou actes annulés. Chauveau, quest. 3401. — C'est ce que la Cour de cassation a reconnu à diverses reprises (Voy. arrêts des 10 novembre 1858, S. 59. 1. 686, et 20 déc. 1876, *J. Av.*, t. 102, p. 408 ; S. 77. 1. 249). Elle a déclaré, par ce dernier arrêt, que si les juges peuvent condamner, ou non, selon les cas, à des dommages-intérêts les officiers ministériels qui ont fait des actes ou des procédures annulés, ils doivent, au contraire, nécessairement mettre à la charge de ces officiers ministériels les frais de ces actes ou procédures ; et qu'en conséquence c'est à tort

que le tribunal saisi de l'action en responsabilité dirigée contre un greffier ou son commis et un avoué, à raison de la nullité d'une surenchère reçue dans l'étude de celui-ci, les décharge de cette responsabilité, sans distinction entre le chef de la demande concernant les frais de l'acte de surenchère par lui déclaré nul, et le chef concernant les dommages-intérêts. — Peu importe d'ailleurs que cet acte irrégulier ait été fait à la sollicitation du surenchérisseur lui-même. Voy. *suprà*, n° 167.

175. Il est bien certain que, dans le cas où un acte est nul pour omission d'une formalité, la responsabilité des conséquences de cette nullité retombe tout entière sur l'officier ministériel dans l'étude duquel l'acte a été fait, bien qu'il n'ait pas été rédigé par lui-même, mais par un de ses clercs. Lyon, 5 août 1865 (*J. Av.*, t. 91, p. 337). Voy. ci-dessus, n° 40.

176. La nullité d'un exploit peut, dans certaines circonstances, engager la responsabilité de l'avoué, et non celle de l'huissier. Ainsi, un arrêt de la Cour de Paris du 5 nov. 1846 (*J. Av.*, t. 72, p. 80) a déchargé l'huissier de la responsabilité pour la reporter sur l'avoué, parce que c'est dans l'étude de ce dernier qu'avait été préparé l'exploit, déclaré nul pour avoir été signifié par une seule copie à deux héritiers.

177. Ainsi encore, la nullité d'un acte d'appel, pour défaut de constitution d'avoué, engage la responsabilité de l'avoué dans l'étude duquel cet acte a été rédigé et copié, et non celle de l'huissier qui l'a signifié, lorsque ce dernier s'est borné à y ajouter ses nom et immatricule et à y remplir le *parlant à...* Lyon, 5 août 1865 (*J Av.*, t. 91, p. 328).

178. Cette solution est surtout incontestable, lorsque, l'original étant rentré chez l'avoué, celui-ci a eu le temps

de reconnaître et de réparer le vice de l'exploit. Bordeaux, 11 déc. 1867 (*J. Av.*, t. 93, p. 129).

179. L'avoué est également seul responsable, soit lorsque la nullité d'un exploit provient d'une fausse qualification du requérant fournie par cet avoué lui-même. Cass., 7 nov. 1849 (*J. Av.*, t. 76, p. 168) ; soit lorsqu'il s'agit de la signification d'une requête rédigée par lui et qui a donné lieu à un double droit d'enregistrement et à une amende. Trib. civ. de Rouen, 3 mai 1849 (*Id.*, t. 75, p. 145).

180. Il a même été jugé que les frais d'une saisie immobilière déclarée nulle pour un fait imputable à l'huissier qui l'a opérée (en ce que, par exemple, elle a eu lieu au nom d'une personne dont le titre indiquait qu'elle était sans droit pour y faire procéder), peuvent être mis en partie à la charge de l'avoué poursuivant, à raison du tort qu'il a eu de maintenir cette saisie, malgré la connaissance qu'il devait avoir *ab initio* de sa nullité. Colmar, 21 mai 1867 (*J. Av.*, t. 93, p. 97).

181. La Cour de Montpellier a posé un principe évidemment inadmissible dans ses termes absolus, en déclarant, par un arrêt du 11 avril 1851 (*J. Av.*, t. 76, p. 586), que l'huissier est toujours responsable de la nullité des actes qu'il signifie, alors même qu'ils ont été rédigés par l'avoué.— Compar. *infrà*, IIe part., chap. 1er.

182. Les officiers ministériels sont responsables des conséquences de la nullité de leurs actes ou procédures, non seulement envers leur partie, mais aussi envers les personnes que cette dernière a subrogées dans ses droits. Chauveau, t. 6, p. 832, à la note.

183. Les condamnations autorisées par l'art. 1031 ne peuvent être prononcées contre les officiers ministériels sans qu'ils aient été entendus ou appelés, soit qu'il s'agisse des dommages-intérêts ou de la suspension, soit

qu'il s'agisse seulement des frais. Il n'y a que l'amende
dont le décret du 29 août 1813 déclare passible l'huissier
qui a signifié une copie de pièce illisible, qui puisse être
prononcée en dehors de l'officier ministériel. Chauveau,
quest. 3396.

184. C'est ce qu'un arrêt de la Cour de cassation
du 22 mai 1832 (Dalloz, *loc. cit.*) a implicitement reconnu
en rejetant le moyen tiré, par un avoué condamné aux
frais d'une procédure frustratoire, de ce qu'il aurait subi
cette condamnation sans avoir été entendu, par le motif
qu'ayant dirigé lui-même le procès, sous le nom de personnes interposées, il était réputé avoir été entendu indi-
viduellement et personnellement, et que, dès lors, le
tribunal, en le condamnant, n'avait « pas méconnu le
principe légal, naturel et sacré, que nul ne doit être jugé
sans être entendu. » — M. Chauveau a critiqué avec
raison (quest. 3396) un arrêt de la Cour de Rennes du
11 avril 1835 (*J. Av.*, t. 49, p. 697), qui s'est prononcé
en sens contraire.

185. Un avoué de première instance ne peut, sur l'appel d'un jugement au fond, être condamné personnellement, sans avoir été appelé devant la Cour, aux frais
d'une expertise rendue inutile par le refus qu'il a fait,
dans une intention malveillante, de fournir aux experts
des renseignements qui étaient en son pouvoir. Riom,
13 juin 1866 (*J. Av.*, t. 93, p. 56). — La jurisprudence
paraît bien admettre que lorsqu'un acte de procédure est
argué de nullité ou attaqué comme frustratoire devant
une Cour d'appel, cette juridiction peut, *omisso medio*,
statuer sur la responsabilité de l'officier ministériel de
qui émane cet acte (Voy. Amiens, rapporté avec Cass.,
7 mars 1831, Dalloz, *Répert.*, v° *Avoué*, n° 244 ; Riom,
7 fév. 1859, *J. Av.*, t. 84, p. 405 ; Nîmes, 10 fév. 1859,

ibid., p. 596). Mais la Cour ne peut, dans ce cas, pas mieux que ne l'aurait pu le tribunal de première instance, condamner l'officier ministériel sans qu'il ait été entendu ou au moins appelé.

186. Par quelle voie l'avoué peut-il attaquer la disposition du jugement qui, en statuant sur l'opposition formée par lui au nom d'un client à un exécutoire de dépens, laisse certains frais à sa charge comme frustratoires? Pour écarter la voie de l'appel, on ne saurait invoquer ici l'art. 6 du deuxième décret du 16 févr. 1807 qui porte que le jugement rendu sur l'opposition à un exécutoire de dépens ne peut être frappé d'appel que lorsque ce recours est formé contre quelque disposition sur le fond ; car cet article ne s'applique qu'au chef du jugement qui liquide les dépens, et ne concerne point le chef qui tranche la question de responsabilité des dépens. *S. alph. L. proc. civ.*, v^is *Appel*, n° 68, et *Frais et dépens*, n° 214, ainsi que les autorités citées *ibid*.

187. Si l'on devait cependant refuser, dans ce cas, à l'avoué le droit d'interjeter appel, ne pourrait-il pas du moins attaquer le jugement par le pourvoi en cassation ? L'affirmative paraît certaine. Voy. Cass., 12 mai 1812, 28 nov. 1826 et 21 août 1828 ; Liège, 28 nov. 1829; Dalloz, *Répert.*, v^is *Cassation*, n° 94, et *Frais et dépens*, n° 931. Mais il n'appartient pas à la Cour de cassation de réviser l'appréciation du tribunal relativement au caractère des frais qu'il a déclarés frustratoires, à moins que cette appréciation ne comporte la solution de quelque point de droit. *S. alph.*, *verb. cit.*, n°s 215 et 216.

188. Quant à la disposition même du jugement qui met à la charge de l'avoué les frais qu'il déclare frustratoires, elle échappe aussi à la censure de la Cour suprême, par le motif que les condamnations de cette na-

ture ont, suivant un arrêt de cette Cour en date du 28 févr. 1855 (S. 56. 1. 452), « un caractère disciplinaire laissé à la souveraine appréciation des juges. » Voy. aussi Chauveau, quest. 3395 *bis.*

189. Si la condamnation avait été prononcée contre l'avoué sans qu'il eût été entendu ou au moins appelé, comme j'ai indiqué plus haut (n° 185) qu'il doit l'être, la voie de la tierce opposition lui serait ouverte. Voy. Rennes, 11 avril 1835 (*J. Av.*, t. 49, p. 697); Riom, 13 juin 1866 (*Id.*, t. 93, p. 56). C'est à tort que l'opinion contraire a été émise *S. alph. L. proc. civ.*, v° *Frais et dépens*, n° 219.

190. **Appel civil.** — Le défaut de consignation de l'amende préalablement à l'appel des jugements, soumet les avoués et les greffiers à payer eux-mêmes une amende de 50 francs (Déclar. du 21 mars 1671, art. 6 et 9; Arrêté 10 flor. an XI, art. 3; L. 16 juin 1824, art. 10), sans distinction entre les affaires ordinaires et les affaires sommaires. Cass., 10 janv. 1838 (Dalloz, v° *Appel civil*, n° 1339).

191. L'obligation de la consignation préalable pèse sur l'avoué lui-même de l'intimé, si cette consignation n'a pas été faite par l'avoué de l'appelant. Toutefois, il n'est soumis à cette obligation que s'il fait mettre la cause au rôle ou poursuit l'audience. Autrement, la négligence de l'avoué appelant n'engage que la responsabilité de celui-ci. Rivoire, *Tr. de l'appel*, n° 416; Dalloz, v° *Appel civil*, n° 1341.

192. L'avoué de l'appelant, qui a consigné l'amende dans le délai, n'encourt pas d'amende personnelle, lorsque, un appel incident ayant été interjeté, il n'a pas été consigné d'amende pour cet appel. Solut. de l'administr. de l'enregistr., 2 févr. 1827.

193. Concussion. — L'officier ministériel qui, à l'occasion des recettes dont il est chargé par la loi, exige ou perçoit une somme supérieure à ce qui est dû, se rend coupable de concussion, aux termes de la disposition finale de l'art. 174, Cod. pén., et est passible des peines prononcées par cet article. Mais la concussion ne résulte pas de cela seul qu'un officier ministériel reçoit des émoluments excédant ceux qui lui sont alloués par les tarifs. Voy. Rapport de la commission du Corps législatif lors de la loi du 13 mai 1863, et mon *Code pénal modifié*, p. 110 et 111, n° 39, texte et note 1.

194. Décharge des pièces. — La décharge donnée par une partie à un avoué des pièces qu'elle lui avait confiées, n'emporte point par elle seule ratification de sa part des actes frauduleux que l'avoué aurait faits à son préjudice et dont elle n'avait pas connaissance. Besançon, 23 mars 1808 (S., coll. nouv., 2. 2. 367).

195. La disposition de l'art. 2276, Cod. civ., qui déclare les avoués déchargés des pièces cinq ans après le jugement du procès, implique la présomption légale de la restitution des pièces, malgré l'existence d'un récépissé, et cela aussi bien à l'égard des pièces que l'avoué a reçues en communication de la partie adverse, que de celles qui lui ont été confiées par son client. Caen, 8 août 1863 (*J. Av.*, t. 89, p. 42). — *Contrà*, Bruxelles, 12 octobre 1822.

196. Délaissement hypothécaire. — Par une conséquence du devoir qui lui est imposé d'apporter aux procédures confiées à ses soins la diligence et le discernement nécessaires pour qu'elles puissent procurer aux parties les résultats qu'elles sont en droit d'en attendre, l'avoué qui, après avoir fait au greffe un délaissement hypothécaire au nom d'un tiers détenteur, n'a pas donné suite à cette procédure, dont la nullité a été prononcée, est responsable du préjudice causé par son inaction au tiers détenteur, contraint de payer le prix de l'immeuble qu'il entendait délaisser. Dijon, 23 avril 1869 (*J. Av.*, t. 94, p. 360 ; S. 69. 2-214).

197. **Désaveu.** — Le mandat qu'une veuve, ignorant la situation des affaires de son mari et l'état (dans la réalité désastreux) de la communauté, a donné, deux jours après le décès de ce dernier, à un avoué occupant pour lui dans divers procès, d'*agir pour le mieux de ses intérêts et de faire le nécessaire*, ne peut être considéré comme ayant autorisé cet avoué à reprendre, six mois plus tard, une instance au nom de la veuve, sans la consulter, ni même l'en prévenir, et à faire ainsi pour sa cliente un acte pouvant être considéré comme caractéristique d'une acceptation pure et simple de la communauté. En pareil cas, l'avoué est à bon droit désavoué et frappé des peines qu'entraîne le désaveu. Caen, 18 mars 1884 (aff. Marie c. D...).

198. L'avoué qui, par erreur, négligence ou de mauvaise foi, a attribué à son client une qualité que celui-ci n'entendait pas prendre et qui était d'ailleurs de nature à préjudicier à ses intérêts, peut être désavoué, lorsque cette attribution de qualité constitue un aveu. Mais quand elle n'a pas ce caractère, c'est par la voie de l'action en garantie ou de l'action en dommages-intérêts que la partie doit se pourvoir contre l'avoué. Chauveau, quest. 1304 *bis;* S. *alph. L. proc. civ.*, v° *Désaveu*, n°s 36 et s.

199. C'est donc à bon droit qu'il a été jugé, spécialement, que la réparation du préjudice occasionné par le fait d'un avoué qui a donné à ses clients la qualité d'héritiers dans une opposition à un jugement par défaut rendu contre leur père, ne peut être demandée, alors que cette

qualité n'étant pas l'objet de la contestation, l'attribution qui en était faite aux parties ne constituait pas un aveu, qu'au moyen de l'action de mandat, et non par la voie du désaveu. Colmar, 29 déc. 1852 (*J. Av.*, t. 78, p. 409).

200. L'avoué qui a été l'objet d'un désaveu déclaré valable peut être condamné à des dommages-intérêts envers le désavouant et les autres parties (Cod. proc. civ., 360). La quotité de ces dommages-intérêts doit être mesurée sur l'importance du préjudice causé; et ils ne sont pas encourus, s'il n'est pas établi que l'officier ministériel désavoué ait causé un préjudice à son client ou à une autre partie. Cass., 27 août 1835 (S. 35. 1. 588) ; Toulouse, 24 avril 1841; Orléans, 8 janv. 1853 (*J. Av.*, t. 78, p. 199); Chauveau, quest. 1317 *bis*; Bourbeau, contin. de Boncenne, t. 5, p. 312 ; *S. alph. L. proc. civ.*, v° *Désaveu*, n° 104 *bis*.

Pour l'indication des cas dans lesquels l'action en désaveu peut être exercée contre les avoués. Voy. *S. alph.*, *verb. cit.*, n°ˢ 1 et suiv.

201. La partie qui n'est plus recevable à exercer le désaveu contre un avoué, par suite de l'expiration des délais fixés à cet égard, conserve le droit de recourir contre cet officier ministériel pour obtenir la réparation du préjudice qu'il lui a causé en procédant sans mandat. Toulouse, 10 févr. 1840 (S. 40. 2. 227).

202. **Destruction, suppression, soustraction ou détournement d'actes ou titres.** — Les officiers ministériels, et notamment les avoués, sont au nombre des officiers publics que l'art. 173, Cod. pén., punit de la peine des travaux forcés, en cas de destruction, suppression, soustraction ou détournement par eux des actes et titres dont ils étaient dépositaires en cette qualité, ou qui leur avaient été remis ou communi-

qués à raison de leurs fonctions. Et cet article a été, spécialement, déclaré applicable à la destruction ou suppression de contredits consignés sur un procès-verbal d'ordre qui avait été remis à des avoués par le greffier du tribunal. Cass., 10 mai 1813. Conf., Blanche, *Étud. pratiq. sur le Cod. pén.*, t. 3, n° 367; F. Hélie, *Théor. du Cod. pén.*, t. 2, n° 796.

203. Écrits produits devant les tribunaux. — Sous l'empire de la loi du 29 juill. 1881 (art. 41), les avoués sont passibles de dommages-intérêts, comme ils l'étaient sous l'empire de la loi du 17 mai 1819 (art. 23), à raison des écrits injurieux ou diffamatoires produits devant les tribunaux. Voy. mon *Explicat. pratiq. de la loi sur la presse*, n° 324. Et Compar. Dalloz, v^{is} *Presse-outrage*, n° 1283, et *Responsabilité*, n° 460.

204. Mais on ne saurait admettre que l'avoué puisse, comme l'a jugé un arrêt de la Cour de cassation du 25 mai 1807(Dalloz, v° *Presse*, n° 1132), être déclaré personnellement responsable d'un mémoire injurieux pour un magistrat, bien que ce mémoire ne porte d'autre signature que celle de la partie.

D'un autre côté, il ne peut être exercé d'action personnelle contre un avoué à raison des faits qu'il a consignés dans une requête non publiée, quand ces faits tiennent à la cause et que l'assertion en a été formellement autorisée par la partie. Paris, 7 août 1810 (Dalloz, v° *Presse-outrage*, n° 1215).

205. Enregistrement. — Les art. 41 et 42 de la loi du 22 frim. an VII qui interdisent aux notaires, huissiers, greffiers, etc., sous peine d'une amende qui de 50 fr. a été réduite à 10 fr. par l'art. 10 de la loi du 16 juin 1824, outre le paiement du droit, le premier, de délivrer en brevet, copie ou expédition, aucun acte soumis à l'enre-

gistrement sur la minute ou l'original, ou de faire aucun
autre acte en conséquence, avant qu'il ait été enregistré,
quand même le délai pour l'enregistrement ne serait pas
expiré, et le second, de faire ou rédiger un acte en vertu
d'un acte sous signature privée ou passé en pays étranger, de l'annexer à ses minutes, de le recevoir en dépôt, ou
d'en délivrer extrait, copie ou expédition, s'il n'a été aussi
préalablement enregistré, ont été rendus applicables aux
avoués par l'art. 11 de la loi précitée de 1824.

206. Par application de ces dispositions, il a été jugé,
d'une part, que l'avoué qui produit en justice, dans l'intérêt de son client, un acte sous seing privé, sans l'avoir
fait préalablement enregistrer, est responsable des droits
d'enregistrement dus sur cet acte, si le client, sur la réclamation qui lui en a été faite par l'administration, ne
les a pas acquittés lui-même, en même temps qu'il est
passible de l'amende de 10 francs. Trib. civ. de Saint-
Etienne, 22 janv. 1878 ; Trib. civ. de Château-Thierry,
29 juin 1882 (*J. Av.*, t. 108, p. 276).

207. Et, d'autre part, que l'avoué qui fait sommation
à un autre avoué de prendre communication de certaines
pièces, sans avoir fait préalablement enregistrer celles-
ci, est passible de la même peine et soumis à la même
responsabilité. Trib. civ. d'Epinal, 8 juill. 1880 (S. 81.
2. 95).

208. Lorsque, après une sommation extrajudiciaire ou
une demande tendant à obtenir un paiement, une livrai-
son, ou l'exécution de toute autre convention dont le titre
n'aurait point été indiqué dans ces exploits, ou qui aurait
été simplement énoncée comme verbale, un avoué produit, au cours de l'instance, des écrits, billets, marchés,
factures acceptées, lettres ou tout autre titre du défendeur, qui n'auraient pas été enregistrés avant la demande

ou sommation, il donne lieu à la perception du double droit, qui peut être exigé lors de l'enregistrement du jugement (L. 28 avril 1816, art. 57 ; L. 11 juin 1859, art. 23).

209. Cette disposition n'étant qu'un complément de celles des art. 41 et 42 de la loi du 22 frim. an VII, il est permis de soutenir que la responsabilité à laquelle ce dernier article soumet les officiers publics et ministériels s'applique à l'hypothèse qu'elle prévoit. Si un arrêt de la Cour de cassation du 1er févr. 1815 (S., coll. nouv., 15. 1. 17) a jugé qu'un avoué n'encourt pas d'amende pour avoir formé une demande en justice à fin de paiement d'une rente dont le titre n'est pas enregistré, lorsqu'il n'a parlé en aucune manière de ce titre dans l'exploit introductif d'instance, ni dans la requête signifiée, la date de cette décision indique suffisamment qu'elle ne saurait être invoquée aujourd'hui par l'avoué qui, bien que n'énonçant dans aucun acte de la procédure le titre sous seing privé non enregistré qui sert de base à la demande, produit ce titre à l'audience, et se place ainsi dans le cas prévu par l'art. 57 de la loi de 1816. Je crois donc que cet avoué ne peut, sans engager sa responsabilité, verser aux debats le titre dont il s'agit.

210. Les avoués ne sont pas responsables des perceptions excessives qu'ont opérées les receveurs d'enregistrement à l'occasion des significations de jugements ou d'arrêts faites par eux. Orléans, 19 juin 1855 (S. 55. 2. 775). Conf., Rivoire, *Dict. raisonn. du tarif*, v° *Dépens*, n° 2 ; Boucher d'Argis, *Nouv. Dict. rais. de la taxe*, p. 233 ; Bioche, *Dict. de proc.*, v° *Dépens*, n. 3.

211. **Faits de charge.** — Le cautionnement des officiers ministériels est affecté, par premier privilège, à la garantie des condamnations qui pourraient être pro-

noncées contre eux pour abus et prévarications dans l'exercice ou par suite de leurs fonctions (Cod. civ., 2102. 7°; L. 25 niv. an XIII, art. 1).

212. Les faits de charge qui emportent privilège sur le cautionnement des officiers ministériels sont exclusivement ceux résultant d'abus ou de prévarications commis par ces derniers dans l'exercice légal et forcé de leurs fonctions ; ce privilège ne s'étend point aux faits de charge qui sont le résultat d'une confiance volontairement accordée à l'officier ministériel (Cass. 18 janv. 1854 et 28 juill. 1868, S. 54. 1. 198; 68. 1. 361 ; Dalloz, *Répert.*, v° *Cautionnem. de fonct.*, n° 62) ; et, par exemple, il n'existe pas au profit de l'imprimeur qu'un avoué a chargé de faire des insertions légales dont il ne s'est pas fait immédiatement payer les frais. Trib. civ. de Rouen, 3 août 1883 (*J. Av.*, t. 109, p. 75).

213. D'après le même principe, on décide qu'il y a fait de charge : 1° de la part d'un avoué dépositaire de titres destinés à être produits dans un ordre ou dans une contribution, qui a omis de les produire dans les délais et a causé ainsi la forclusion du créancier (Dard., *Tr. des offices*, p. 25 ; Dalloz, v° *Cautionn. des fonct.*, n° 64) ; 2° de la part d'un avoué d'appel qui a omis de signifier un acte d'appel dans le délai légal (Dard, p. 27 ; Dalloz, *ibid.*); 3° de la part de l'avoué qui a exigé d'un client plus qu'il ne lui était dû (Rennes, 19 déc. 1816 ; Dalloz, *ibid.*).

214. Tandis qu'il a été jugé : 1° que le détournement par un avoué d'une somme qu'il a reçue comme mandataire d'un créancier ne constitue pas un fait de charge. Parlem. de Paris, 1er déc. 1735 ; nouv. Denizart, v° *Fait de charge*; Dard, p. 28 ; Dalloz, n° 69 ; — 2° qu'il n'y a pas non plus fait de charge dans le fait, de la part d'un avoué, d'avoir obtenu sans ordre de son client et à l'aide

de menaces de poursuites, le montant de condamnations prononcées au profit de celui-ci contre un débiteur, et de lui avoir consenti, pour lui tenir lieu de cette valeur, des billets qu'il a été dans l'impossibilité d'acquitter. Toulouse, 15 mai 1844 (D. p. 45. 2. 21).

215. Les officiers ministériels répondent même des faits de charge commis par leurs clercs, pourvu qu'il ne s'agisse pas d'actes qui aient été déterminés par la confiance qu'on a eue dans le clerc plutôt que par celle qu'inspirait l'officier ministériel. Dalloz, v° *Cautionn. de fonct.*, n° 58.

216. L'avoué qui, sur une citation pour fait de charge devant le tribunal près lequel il exerce, a volontairement procédé en première instance, sans demander le renvoi préalable de la plainte devant la chambre de discipline, ne saurait, en appel, se faire un moyen de nullité de ce que ce renvoi n'a pas été prononcé. Rennes, 6 janv. 1815 (S., coll. nouv., 5. 2. 3). — Voy. au surplus, *infrà*, § 3.

217. **Instruction par écrit.** — La condamnation aux frais et à des dommages-intérêts que, dans les causes instruites par écrit, l'art. 107, Cod. proc., permet de prononcer, sur la demande des parties, contre les avoués qui ne rétablissent pas, dans les délais prescrits, les pièces par eux prises en communication, est une condamnation personnelle, à raison de laquelle conséquemment l'avoué ne peut, sous quelque prétexte que ce soit, exercer un recours contre son client. Chauveau, t. 1er, p. 553, note 1 ; Dalloz, *Répert.*, v° *Instr. par écr.*, n° 90.

218. Le jugement qui prononce cette condamnation n'est pas susceptible d'appel (Cod. proc., 107, §§ 1 et 2). Mais s'il est rendu par défaut, l'avoué peut, conformément au droit commun, auquel il n'est pas ici dérogé, y

former opposition. Chauveau, *quest.* 473 ; Dalloz, *verb. cit.*, n° 91, et autres auteurs cités *ibid.*

219. Liquidation des dépens. — L'avoué qui, ayant obtenu un jugement de condamnation dans une affaire sommaire, n'a pas remis dans le jour au greffier, conformément à l'art. 1er du 2e décret du 16 févr. 1807, l'état des dépens adjugés, pour que la liquidation en soit insérée dans ce jugement, doit supporter personnellement le coût de la levée des exécutoires délivrés ultérieurement et de leur signification rendue nécessaire par cette inobservation de la prescription dont il s'agit. Paris, 7 juin 1867 (S.72.1.173) ; Chauveau et Godoffre, *Comment. du tarif*, t. 2, n° 2634.

220. Radiation des causes du rôle. — Dans le cas où, à l'appel des causes, en première instance, l'avoué du demandeur, ni celui du défendeur, ne comparaissent, la cause doit être retirée du rôle, et l'avoué du demandeur est responsable envers sa partie de tous dommages-intérêts, s'il y a lieu (Décr. 30 mars 1808, art. 69).

De même, en appel, le défaut de comparution, au jour fixé pour la plaidoirie, de l'avoué qui poursuit l'audience, donne lieu au retrait de la cause du rôle, et rend cet avoué passible, s'il y a lieu, de tous dommages-intérêts envers la partie (Même décret, art. 29).

221. Si, au jour indiqué, aucun avoué ne se présente, ou si celui qui se présente refuse de prendre jugement, et s'il n'y a pas de cause légitime permettant d'accorder une remise, la cause doit également être retirée du rôle, et elle ne peut y être rétablie que sur le vu de l'expédition du jugement de radiation, dont le coût reste à la charge personnelle des avoués, qui sont en outre passibles de dommages-intérêts, et auxquels il peut encore être fait des injonctions, suivant les circonstances (même décret, art. 29).

222. Transcription. — L'avoué qui a obtenu un jugement prononçant la résolution, rescision ou nullité d'un acte transcrit, est tenu, aux termes de l'art. 4 de la loi du 23 mars 1855, de le faire mentionner en marge de la transcription opérée sur le registre, dans le mois à dater du jour où il a acquis l'autorité de la chose jugée, sous peine de cent francs d'amende.

223. L'avoué encourt-il, indépendamment de cette peine, une responsabilité quelconque vis-à-vis des tiers qui prétendraient avoir souffert du défaut de mention? Les auteurs s'accordent à répondre négativement. Cette solution se fonde à bon droit sur ce que la disposition de l'art. 4 précité a un caractère exceptionnel qui commande de l'appliquer d'une manière restrictive, et ne permet pas d'ajouter à la sanction qu'elle édicte une autre sanction qui manquerait de base certaine, eu égard à la difficulté qu'éprouveraient les juges pour apprécier si un préjudice réel a été causé aux tiers et quelle est l'importance de ce préjudice. Voy. Rivière et Huguet, *Quest. sur la transcript.*, n° 310 ; Rivière et François, *Explicat. de la loi sur la transcript.*, n° 70 ; Troplong, *Transcript.*, n° 240 ; Flandin, *Id.*, n° 611 ; Mourlon, *Id.*, t. 2, n° 556 ; Dalloz, *Répert.*, v° *Transcript.*, n° 385.

224. Le délai d'un mois dans lequel l'avoué qui a obtenu un jugement prononçant la résolution, la nullité ou la rescision d'un acte transcrit, est tenu d'en faire opérer la mention en marge de la transcription, commence à courir, quand c'est par un arrêt contradictoire que l'acte a été résolu ou annulé, dès le lendemain de la prononciation de l'arrêt, et non point seulement à partir du jour où

il a été signifié ou acquiescé. Trib. civ. de Nancy, 26 mai 1884 (*J. Av.*, t. 109, p. 494).

225. Le paiement de l'amende encourue par l'avoué pour omission de la mention que prescrit l'art. 4 de la loi du 23 mars 1855, doit lui être réclamé par assignation donnée à la requête du ministère public devant le tribunal civil; il n'y a pas lieu, en pareil cas, de procéder par voie de contrainte dans les termes des art. 64 et 65 de la loi du 22 frim. an VII. Trib. civ. de Nancy, 26 mai 1884, précité.

226. **Vente publique d'immeubles.** — La déclaration de l'adjudicataire que l'avoué, dernier enchérisseur, est tenu, aux termes de l'art. 707, Cod. proc., de faire dans les trois jours de l'adjudication, sous peine d'être réputé adjudicataire en son nom, n'est point valable et ne soustrait point l'avoué à cette sanction, lorsque, effectuée dans les trois jours, elle n'a été toutefois signée par l'officier ministériel qu'après ce délai. Chauveau, quest. 2384 *bis;* Dalloz, *Rép.*, v° *Vent. publ. d'imm*, n° 1711 ; *S. alph.*, v° *Sais. imm.*, n° 1035. — *Contrà*, Alger, 14 mars 1849 (*J. Av.*, t. 74, p. 307).

227. Mais la déclaration tardive n'en produit pas moins son effet, s'il est établi que c'est la faute ou la négligence de son client qui a empêché l'avoué de la faire dans le délai légal. Pau, 6 juill. 1867 (*J. Av.*, t. 93, p. 59).

228. Le délai de trois jours dans lequel l'avoué dernier enchérisseur doit déclarer adjudicataire n'est pas susceptible de prorogation au lendemain dans le cas où le dernier jour de ce délai est un jour férié, une semblable formalité n'étant pas au nombre de celles que vise l'art. 1033, Cod. proc. Dès lors, l'avoué qui, en pareil cas, ne fait sa déclaration que le quatrième jour, doit être réputé adjudicataire en son nom. Cass. 1er déc. 1830

(S. 31. 1. 36), 10 mars 1846 (S. 46. 1. 316) et 31 déc.
1883 (*J. Av.*, t. 109. p. 284); Trib. civ. d'Espalion,
30 sept. 1876; de Vitry-le-François, 8 févr. 1877; de
la Seine, 4 mai 1877 (*Id.*, t. 102, p. 115, 418 et 419);
Rodière, *Compét. et proc. civ.*, t. 3, p. 134; Chauveau,
quest. 2384: Dalloz, v° *Vent publ. d'imm.*, n° 1709.

229. On doit admettre que l'avoué qui s'est rendu
adjudicataire d'immeubles vendus devant un notaire
commis, peut, comme si la vente avait eu lieu devant le
tribunal, déclarer le véritable adjudicataire dans les trois
jours (Voy. *S. alph.*, v° *Vente d'imm. de min.*, n°ˢ 127
et suiv.). Il suit de là que si la clause du cahier des
charges d'une semblable vente porte qu'au cas où l'acquéreur userait de la faculté d'élire un command, il serait
obligé avec celui-ci au paiement du prix et de toutes les
charges, l'avoué au profit duquel a été prononcée l'adjudication et qui a déclaré command ne peut être tenu
de supporter les charges de cette adjudication, et, par
exemple, les droits d'enregistrement. Cet avoué, en effet,
ne saurait être réputé avoir entendu se rendre personnellement adjudicataire. En demeurant dernier enchérisseur,
il est resté dans son rôle d'avoué. La déclaration faite par
lui n'est pas une élection de command telle que celle éma-
nant d'un particulier qui s'est porté adjudicataire; c'est une
déclaration ayant pour objet de faire connaître l'adjudicataire véritable et pour résultat de faire disparaître sa per-
sonnalité. Trib. civ. de la Seine, 20 déc. 1848 (*J. Av.*, t. 77,
p. 37.)

230. L'avoué dernier enchérisseur cesse d'être réputé adjudicataire en son nom, faute d'avoir déclaré l'adjudicataire dans les trois jours de l'adjudication, quand
les parties intéressées, au lieu de demander contre
l'avoué personnellement l'exécution des clauses de

l'adjudication, ont fait ou laissé revendre l'immeuble sur la folle enchère de l'adjudicataire tardivement déclaré par cet officier ministériel. Par l'effet de la procédure ainsi suivie, l'avoué se trouve déchargé des obligations résultant de la qualité qui lui avait été imprimée par la loi, en même temps qu'il est privé des droits attachés à cette même qualité. Cass. 14 janv. 1878 (*J. Av.*, t. 104, p. 162; S. 78. 1. 404).

231. Ce résultat se produit même vis-à-vis des créanciers inscrits autres que celui qui a poursuivi la folle enchère. Vainement ces créanciers, pour rendre l'avoué responsable à leur égard de la différence entre le prix de l'adjudication primitive et celui de la revente, objecteraient-ils qu'ils sont restés étrangers à la procédure de surenchère, dans laquelle ils n'ont pris aucunes conclusions. Rattachés à cette procédure par l'accomplissement des formalités que prescrit la loi, rien ne s'est opposé à ce qu'ils fissent entendre leurs réclamations en temps utile. Même arrêt.

232. L'avoué au profit duquel a été prononcée l'adjudication et qui a ensuite déclaré le véritable adjudicataire, reste investi du mandat de recevoir les notifications faites à celui-ci, telles que la dénonciation de surenchère, et demeure par suite responsable de ces notifications, alors même que, dans l'acte de déclaration passé au greffe, l'adjudicataire a constitué un autre avoué, parce qu'il est le seul connu des tiers, qui n'ont pas eu à prendre connaissance des actes faits au greffe pour vérifier s'il n'avait pas été remplacé. Tours, 26 août 1851 (*J. Av.*, t. 76, p. 508); Orléans, 25 novembre suivant (*Id.*, t. 77, p. 174); Chauveau, quest. 2390 *sexies*.

233. Lorsque l'adjudicataire déclaré par l'avoué a élu command dans les vingt-quatre heures de l'adjudication, et que cette élection de command, bien que n'ayant pas

été notifiée dans ce délai, comme l'exige l'art. 68 de la loi du 22 frim. an VII, a été enregistrée plus tard au droit fixe de 3 francs seulement, le complément du droit de revente, exigible en pareil cas, ne peut être réclamé ni à l'avoué, ni au greffier. Le command qui a accepté l'élection est seul responsable. Chauveau, quest. 2384 *ter*.

234. Suivant un arrêt de la Cour de Montpellier du 18 déc. 1854 (*J. Av.*, t. 80, p. 314; S. 55. 2. 75), l'insolvabilité notoire de l'adjudicataire qui, aux termes de l'art. 711, rend l'avoué enchérisseur passible de dommages-intérêts, doit s'entendre de celle que l'on connaît nécessairement en prenant les renseignements que commande la plus vulgaire prudence; la disposition de la loi n'est pas restreinte au cas seulement où la notoriété de l'insolvabilité de l'enchérisseur existe dans le lieu même où siége le tribunal devant lequel se poursuit l'adjudication.

235. Il a été jugé, d'une manière encore plus précise, que l'insolvabilité notoire dont parle l'art. 711 s'entend, non point de celle qui était à la connaissance de tous les habitants soit du lieu où s'est faite l'adjudication, soit du lieu où l'adjudicataire est domicilié, mais simplement de l'insolvabilité dont avaient connaissance ceux qui, avant les enchères, se trouvaient en relations avec l'adjudicataire. Nancy, 8 avril 1881 (S. 82. 2. 128).

236. Un arrêt de la Cour de Grenoble du 12 juin 1860 (S. 61. 2. 199), en posant les mêmes principes, décide qu'une femme mariée sous le régime dotal doit être réputée notoirement insolvable, par cela seul que, d'après son contrat de mariage et sa position, elle est évidemment dans l'impossibilité de payer ce qu'elle achète.

237. Le tribunal civil de Marseille a jugé, de son côté, le 11 févr. 1880 (*J. Av.*, t. 105, 192), que l'art. 711 n'im-

pose pas aux avoués l'obligation de vérifier la solvabilité des enchérisseurs, et que leur responsabilité n'est engagée qu'autant que cette insolvabilité s'est révélée par la notoriété, telle que celle qui résulte d'une profession ou d'un état social indiquant d'infimes ressources, ou de condamnations prononcées par la juridiction civile ou commerciale. — Ainsi, par exemple, d'après ce jugement, un avoué ne saurait être condamné à des dommages-intérêts à raison de la prétendue insolvabilité notoire de la personne pour laquelle il a surenchéri, alors que cette dernière n'avait été frappée d'aucune condamnation et qu'elle était depuis longtemps établie dans la ville où il exerce sa profession, et alors surtout que la surenchère a été validée en présence de tous les intéressés et sans aucune contestation de leur part.

238. Cette décision, que justifient au fond les circonstances particulières de la cause, s'appuie sans nécessité sur un principe certainement trop absolu. La jurisprudence tend, au contraire, comme on vient de le voir et avec raison, sans aucun doute, à faire à l'avoué chargé d'enchérir ou de surenchérir pour une personne qui ne lui est pas connue, l'obligation de se renseigner sur sa solvabilité au lieu où elle a son domicile. Voy. encore Bordeaux, 29 avril 1853 (*Id.*, t. 78, p. 547). Conf., Chauveau, *loc. cit.*

239. Du reste, il appartient souverainement aux juges du fond d'apprécier si l'insolvabilité a été suffisamment notoire à l'égard de l'avoué : leur décision sur ce point échappe au contrôle de la Cour suprême. Cass. 12 janv. 1847, 30 déc. 1850 et 14 janv. 1856 (*J. Av.*, t. 72, p. 112; t. 76, p. 260; t. 81, p. 550; S. 47. 1. 360 ; 57. 1. 288); Chauveau, quest. 3396.

240. La défense que fait l'art. 711, Cod. proc., à

l'avoué poursuivant de se rendre personnellement adjudicataire ou surenchérisseur, à peine de nullité de l'adjudication ou de la surenchère, et de dommages-intérêts envers toutes les parties, atteint cet avoué même dans le cas où il exerce les poursuites en son nom personnel, comme créancier du saisi. Grenoble, 22 avril 1864 (*J. Av.*, t. 90, p. 142); Chauveau, quest. 2395.

En effet, cette défense est motivée, comme on sait, par la crainte que l'avoué, pour obtenir l'immeuble à un prix au-dessous de sa valeur réelle, ne détourne de leur intention d'enchérir ceux qui, dans cette vue, viendraient lui demander, en sa qualité de poursuivant, les renseignements dont ils auraient besoin, et la présomption qui lui sert de base n'a évidemment pas moins de force dans le cas où l'avoué poursuit en son propre nom que dans celui où il procède au nom d'un tiers.

241. En serait-il autrement, si les actes de la poursuite rédigés dans l'étude de l'avoué qui s'est rendu adjudicataire avaient été faits sous le nom d'un autre avoué? L'affirmative a été admise par un arrêt de la Cour de Montpellier du 22 avril 1856 (*J. Av.*, t. 82, p. 54). Mais cette solution est fort contestable. L'emprunt d'une signature de complaisance n'a point empêché que l'avoué qui s'est rendu adjudicataire ne fût le véritable poursuivant. Chauveau, *loc. cit.*

242. Mais l'avoué qui a poursuivi la vente d'un immeuble n'encourt évidemment aucune responsabilité en se rendant adjudicataire de cet immeuble, si, au moment de l'adjudication, il a cessé d'être l'avoué poursuivant. Paris, 31 janv. 1814 (*J. Av.*, t. 5, p. 334).

243. Pour que l'avoué qui s'est rendu adjudicataire au nom d'une personne notoirement insolvable puisse être condamné à des dommages-intérêts, il n'est pas néces-

saire que la nullité de l'adjudication ait été préalablement prononcée ; les deux sanctions sont distinctes et indépendantes l'une de l'autre. Cass., 17 janv. 1854 (S. 55. 1. 24); Grenoble, 12 juin 1860 (S. 61. 2. 199).

244. Quelle doit être l'étendue de la réparation à laquelle l'avoué est soumis? Cette réparation doit sans doute comprendre les frais occasionnés par l'enchère ou la surenchère nulle. Mais faut-il l'étendre, en outre, à la différence en moins qu'il viendrait à y avoir entre le prix de l'adjudication annulée et celui de la seconde adjudication, ou bien, quand il s'agit de surenchère, au gain que celle-ci eût procuré aux créanciers, si elle avait été valable? Un arrêt de la Cour de Bordeaux, du 19 avril 1853 (*J. Av.*, t. 78, p. 517), s'est prononcé dans le sens de l'affirmative ; mais cette solution est repoussée par des jurisconsultes qui estiment qu'une adjudication sur les effets de laquelle les créanciers n'ont pu compter, parce qu'ils devaient savoir qu'elle était frappée de nullité, n'a été pour eux la source d'aucun droit, et que ces créanciers ne sauraient y trouver le principe d'une action en indemnité de la privation d'un gain qui ne leur a jamais été acquis. *Sic*, Chauveau, quest. 2396 *bis*, et Petit, Consultation insérée *ibid*.

245. La Cour de cassation a refusé de poser à cet égard un principe absolu. Elle a décidé, avec raison à mon sens, que la détermination de l'étendue du préjudice est une appréciation de fait qui rentre dans le domaine souverain des juges du fond, et elle a décidé qu'un arrêt qui, après avoir constaté que la différence entre le prix d'une première adjudication et celui de la revente sur une surenchère annulée, marquait l'étendue du préjudice causé par cette surenchère, avait reconnu que le prix tout entier de l'adjudication primitive aurait été

productif d'intérêts, avait pu ordonner que la portion d'intérêts formant la différence entre les deux prix serait mise à la charge de l'avoué à titre de réparation. Cass., 14 janv. 1856 (*J. Av.*, t. 81, p. 550; S. 57. 1. 288).

246. Par un autre arrêt du 15 mai 1848 (*J. Av.*, t. 73, p. 433; S. 48. 1. 494), qui reconnaît aussi que l'appréciation du dommage causé par l'annulation d'une adjudication échappe au contrôle de la Cour suprême, cette Cour a rejeté le pourvoi formé contre un arrêt de la Cour d'Aix, du 14 mars 1845, intervenu dans une espèce où l'avoué avait été condamné à des dommages-intérêts pour avoir, sur la foi d'une procuration notariée et d'autres actes authentiques entachés de faux, enchéri dans l'intérêt d'un mandant imaginaire.

247. Il importe de remarquer, au surplus, que la responsabilité de l'avoué est indépendante du fait de l'adjudication prononcée au profit d'une personne notoirement insolvable. Soit que les créanciers fassent annuler cette adjudication, soit que, la laissant subsister, ils se bornent à exercer une poursuite de folle enchère, ils éprouvent un préjudice qui les autorise à réclamer contre l'avoué des dommages-intérêts dont l'importance peut être mesurée sur la différence des prix et l'augmentation des frais de procédure. Paris, 7 juin 1853 (*J. Av.*, t. 78, p. 545); Cass., 17 janv. 1854 (*Id.*, t. 79, p. 368; S. 55. 1. 24). Conf., Dalloz, *Répert.*, v° *Vente publ. d'imm.* n° 1643.

248. La condamnation à des dommages-intérêts dans les cas prévus par l'art. 711 doit être prononcée solidairement contre l'avoué et contre celui pour lequel il a illégalement enchéri ou surenchéri, parce qu'ils ont concouru tous les deux, celui-ci en donnant le mandat, celui-là en l'exécutant, au préjudice que la nullité de

l'adjudication a fait éprouver au saisissant ou aux autres créanciers. Carré et Chauveau, quest. 2396 *bis*.

§ 3. — CONDITIONS DE L'EXERCICE ET DU JUGEMENT DE L'ACTION EN RESPONSABILITÉ CONTRE LES AVOUÉS.

249. L'action en responsabilité dirigée contre un avoué à raison du préjudice résultant des agissements de cet officier ministériel, ne peut être déclarée non recevable, par le motif qu'elle n'a pas été précédée d'une tentative de conciliation devant la chambre des avoués et d'un avis de cette chambre, conformément aux art. 2 et 3 de l'arrêté du 13 frim. an IX. Ces formalités, en effet, ne constituent pas un préliminaire obligatoire. Pour qu'elles présentassent ce caractère, il faudrait qu'elles eussent été maintenues comme telles par le Code de procédure, qui, bien loin de là, établit des règles incompatibles avec les prescriptions dont il s'agit, et abroge formellement, par son art. 1041, les lois, coutumes, usages et règlements antérieurs sur la procédure civile. Rennes, 7 févr. 1870 (*J. Av.*, t. 97, p. 176); Bordeaux, 19 août 1884 (*Id.* t. 110, p. 113). — Voy. toutefois les motifs d'un jugement du trib. civ. de la Seine, du 22 mai 1867 (*Id.*, t. 92, p. 265; S. 67. 2. 327).

250. La demande en répétition qu'un créancier, qui n'a obtenu dans un ordre qu'une collocation incomplète par la faute de son avoué, intente contre celui-ci, est moins une action en garantie simple qu'une action en responsabilité; mais, dût-elle même être considérée comme une action en garantie simple, elle n'en serait pas moins valablement formée par action principale ordinaire, si l'avoué n'établit pas qu'il aurait eu à faire valoir des moyens propres à empêcher le défaut de collocation

d'une partie de la créance de son client. Trib. civ. de Nevers, 4 janv. 1870 (*J. Av.*, t. 95, p. 89).

251. Bien que la partie qui a employé un officier ministériel soit responsable, envers la personne contre laquelle il a exercé son ministère, des fautes qu'il a commises dans la rédaction ou signification des actes, cette dernière peut aussi agir directement contre l'officier ministériel. Chauveau, quest. 3398.

252. Toutefois, une partie, après avoir fait condamner son adversaire à des dommages-intérêts pour avoir dirigé contre elle une procédure illégale, n'est plus recevable, à raison de l'autorité de la chose jugée attachée à cette condamnation, à réclamer aussi des dommages-intérêts, pour le même motif, à l'avoué de cet adversaire. Cass., 23 avril 1855 (*J. Av.*, t. 82, p. 557 ; S. 57. 1. 285).

253. L'action en responsabilité contre un avoué, pour omission ou nullité d'une formalité qu'il était chargé de remplir, ne peut être intentée que par le mandant lui-même, et non par un tiers auquel cette formalité aurait profité, si elle avait été régulièrement observée. Paris, 21 janv. 1850 (S. 50. 2. 295). Conf., Dalloz, *Répert.*, v° *Responsabilité*, n° 465.

254. L'action en responsabilité contre les avoués doit, sans doute, en principe, être portée devant le tribunal près lequel ces officiers ministériels sont établis. Mais l'attribution de compétence à ce tribunal n'est pas tellement absolue, qu'il doive être fait ici exception à la règle suivant laquelle ceux qui sont assignés en garantie sont tenus de procéder devant le tribunal où la demande originaire est pendante (Cod. proc. civ., 181).

255. La jurisprudence décide, en effet, qu'un avoué peut être assigné en garantie pour faits relatifs à ses fonctions devant le tribunal saisi de la demande origi-

naire, lors même que ce tribunal n'est pas celui auquel il est attaché. Angers, 10 déc. 1869 (*J. Av.*, t. 95, p. 322); Cass. 23 juill. 1872 (*J. Av.*, t. 98, p. 55; S. 72. 1. 293).

256. Et il a été jugé spécialement que, dans le cas où la partie qui a confié les pièces concernant une créance dont elle entendait poursuivre le recouvrement, à un huissier par lequel elles ont été adressées à un avoué d'un autre arrondissement, chargé des poursuites, a actionné l'huissier en paiement de dommages-intérêts, à raison de la perte de ces pièces, l'avoué, appelé en garantie, n'est pas recevable à opposer l'incompétence du tribunal du domicile du défendeur principal. Angers, 10 déc. 1869, et Cass. 23 juill. 1872, ci-dessus.

257. La demande en dommages-intérêts formée contre un avoué d'appel, à raison de faits qui ont eu lieu dans l'exercice de ses fonctions, ne saurait être portée devant le tribunal de première instance; c'est à la Cour elle-même que cette demande doit être soumise. Trib. civ. de la Seine, 22 mai 1867 (*J. Av.*, t. 92, p. 265; S. 67. 2. 327). — Compar. Trib. civ. de la Seine, 10 juill. 1866 (S. 66. 2. 327).

258. L'avoué qui a été chargé par un commerçant de la liquidation de sa situation vis-à-vis de ses créanciers, ne peut, en sa qualité de mandataire non commerçant, être assigné en restitution de ce qu'il aurait payé en trop à l'un de ces derniers que devant le tribunal civil de son domicile. Rennes, 24 févr. 1868 (*J. Av.*, t. 94, p. 363).

CHAPITRE II

Discipline des Avoués

259. L'objet et l'importance de leur ministère soumettent les avoués, vis-à-vis de la société, de la magistrature et des justiciables, à des devoirs dont l'accomplissement doit être garanti par des sanctions sérieuses. Aussi la loi les a-t-elle placés, d'une part, sous la surveillance du ministère public (L. 20 avril 1810, art. 45), et, de l'autre, sous la juridiction disciplinaire soit de leur chambre, soit des Cours et tribunaux (Arrêté 13 frim. an IX, art. 2, 8 et 9 ; Décr. 30 mars 1808, art. 102 et 103), en prenant soin de déterminer les pénalités spéciales qui peuvent les atteindre lorsqu'ils méconnaissent les obligations attachées à leur profession.

260. Le pouvoir disciplinaire d'un tribunal sur l'un de ses officiers ministériels s'étend à tous les faits qui, dans ses rapports avec ses clients pour la direction de leurs affaires, peuvent affecter sa moralité. Cass., 6 août 1867 (*J. Av.*, t. 93, p. 61 ; S. 68. 1. 21).

261. Mais, quelle que soit l'étendue de son action, la justice disciplinaire ne peut rechercher et punir des faits ou des actes qui n'ont ni en eux-mêmes, ni par les circonstances qui les accompagnent, rien de contraire à la probité, à la

délicatesse ou à l'honneur. Un simple défaut de vigilance ou de prudence, fût-il de nature à motiver une condamnation à des dommages-intérêts, ne suffit pas pour constituer une faute de discipline. Cass., 17 juin 1867 (S. 67. 1. 238); 21 sept. 1874 (S. 75. 1. 119).

262. Des faits pouvant porter atteinte à la situation morale de l'avoué, mais étrangers à l'exercice de sa profession, peuvent-ils être atteints par l'action disciplinaire? La réponse ne saurait être qu'affirmative. Le pouvoir disciplinaire ne remplirait point l'objet que le législateur s'est proposé en l'instituant, et qui est de sauvegarder l'honneur des différents corps par la répression des fautes que leurs membres viendraient à commettre, s'il ne s'étendait pas aux actions de la vie privée de ceux-ci. Il n'est pas possible, en effet, de séparer le fonctionnaire, l'avocat, l'officier public ou l'officier ministériel du citoyen, et l'on ne concevrait pas qu'il pût y avoir pour l'homme public deux sortes de considération, l'une attachée aux fonctions dont il est revêtu, et qu'il ne pourrait compromettre sans encourir une peine disciplinaire, l'autre attachée à la personne elle-même, et dont la perte ne relèverait que des tribunaux ou de l'opinion. Remplir exactement les obligations de son état, ce n'est que la moitié de son devoir; il lui reste à observer non moins fidèlement les règles que la morale prescrit en dehors de tout ministère officiel. L'intérêt du corps auquel il appartient, et par-dessus tout l'intérêt général de la société, exigent qu'il puisse lui être demandé compte de tout acte dont sa dignité aurait à souffrir, à quelque point de vue que ce soit.

263. Ces principes, qui, malgré leur évidente justesse, n'ont pas reçu l'adhésion unanime des auteurs, ont été consacrés, au contraire, par une jurisprudence cons-

tante. Je me bornerai à mentionner une décision dans laquelle on lit « que l'art. 102 du décret du 30 mars 1808 soumet les officiers ministériels aux peines de discipline déterminées par cet article toutes les fois qu'ils se trouvent en contravention aux lois et règlements...; qu'il importe peu que le fait reproché ne se rattache point directement au caractère d'officier ministériel, la loi n'admettant aucune distinction à cet égard, et la conduite répréhensible de l'homme privé, lorsqu'elle acquiert, par le fait de l'inculpé, une publicité quelconque, devant nécessairement rejaillir sur l'homme public, qui n'en doit jamais être séparé. » Trib. de Clermont-Ferrand, 17 mars 1835 (*J. Av.*, t. 51, p. 472).

264. Je n'ai pas besoin d'ajouter qu'il est indifférent, sous ce rapport, que l'avoué soit poursuivi disciplinairement à la requête du ministère public, en vertu de l'art. 103 du décret du 30 mars 1808, ou qu'il soit traduit devant la chambre de discipline par le syndic, d'office ou sur la provocation d'un tiers ou d'un membre de la chambre, en vertu des art. 2 et 11 de l'arrêté du 13 frim. an IX. Le caractère du pouvoir disciplinaire ne dépend ni de la nature de la juridiction qui l'exerce, ni des formes suivant lesquelles cette juridiction est saisie. D'ailleurs, les termes de l'art. 103 du décret de 1808 et de l'art. 2 de l'arrêté de l'an IX prouvent eux-mêmes avec évidence que le tribunal et la chambre de discipline sont investis d'attributions identiques.

265. Mais je dois faire remarquer que la règle suivant laquelle l'action disciplinaire s'étend même aux faits de la vie privée doit être appliquée avec une grande réserve. La répression de faits de cette nature qui blessent la morale, sans être frappés par les lois criminelles, n'est nécessaire et opportune que si la considération du corps auquel

appartient l'officier ministériel en a reçu une véritable atteinte. Le procureur général près la Cour de Paris ne craignait pas de dire, dans une lettre qu'il adressait, le 21 mars 1821, à l'un de ses substituts à propos d'un notaire auquel on reprochait d'avoir abusé des faiblesses d'une jeune fille : « Au-delà des faits de profession, il ne faut pas vouloir porter l'autorité trop loin. Il y aurait à craindre qu'on ne fournît aux esprits ombrageux des prétextes de crier à l'inquisition. Dans le siècle où nous vivons, l'action d'obtenir des faiblesses d'une jeune personne de dix-neuf ans, toute blâmable qu'elle est fort justement aux yeux des hommes moraux et religieux, n'est pas malheureusement assez extraordinaire, quand elle n'est pas préparée par des manœuvres, elle n'est pas assez scandaleuse, pour qu'on doive s'en occuper à l'égard d'un notaire autrement qu'à l'égard de tout autre. »

266. Il faut reconnaître cependant que la publicité qui serait donnée à une semblable action pourrait la faire tomber sous le coup du pouvoir disciplinaire, parce que le scandale qu'elle produirait alors serait de nature à jeter la déconsidération sur l'officier public ou ministériel.

267. Les officiers ministériels qui négligent d'observer les règles établies pour la police des audiences, pour les comparutions devant les juges, qui méprisent les avertissements du président, qui affectent de n'avoir pas à l'audience une tenue convenable, encourent sans aucun doute des peines disciplinaires. Morin, *Discipl. des Cours et trib.*, t. 2, n° 626.

268. Un tribunal peut statuer disciplinairement à l'égard d'un avoué qui a, dans l'auditoire même de ce tribunal, proféré des injures contre un de ses membres, bien que celui-ci ne fût pas dans l'exercice de ses fonctions, ni revêtu de son costume, parce qu'un tel fait

constitue un acte irrévérentieux envers la magistrature, présentant le caractère d'un fait de discipline intérieure. Cass., 15 déc. 1806 (*J. Av.*, t. 5, p. 257 ; S., coll. nouv., 2. 1. 323).

269. Mais la simple omission du salut, auquel les convenances seules obligent les officiers ministériels envers les magistrats, en dehors de l'audience et de l'exercice de leurs fonctions, ne saurait être considérée comme une faute disciplinaire, quand elle ne se produit pas d'ailleurs d'une manière outrageante.

270. Il y a manifestement faute d'audience, passible de peines disciplinaires, de la part des avoués près un tribunal ou une Cour d'appel qui, par suite d'une mesure concertée entre eux pour un motif offensant à l'égard des magistrats (à raison, par exemple, de la longueur des délibérations), se sont tous retirés de l'audience avant l'appel des causes, et ont ainsi mis les juges dans l'impossibilité de vaquer à leurs travaux. Cass., 2 août 1843 (S. 44. 1. 41).

271. L'avoué qui refuse de comparaître devant la chambre de discipline à laquelle sa conduite est déférée, peut être suspendu de ses fonctions par le tribunal jusqu'à ce qu'il s'y présente. Cass., 3 nov. 1806 (S., coll. nouv., 2. 1. 303). Sa résistance à l'appel légal de paraître devant la chambre dont il est justiciable constitue elle-même une infraction disciplinaire.

272. On doit admettre que les officiers ministériels sont soumis au droit de *veniat* du procureur général et même du procureur de la République dans les cas où ces magistrats croient devoir les mander à leur parquet pour s'expliquer sur des plaintes qui ont été portées contre eux. Mais ce droit des officiers du ministère public n'est pas un droit de commandement qui exige une

obéissance passive ; et le devoir des officiers ministériels ayant ici sa source dans les convenances plutôt que dans la loi ou les règlements (ce n'est qu'à titre d'analogie qu'on invoquerait l'art. 57 de la loi du 20 avril 1810), ils peuvent y manquer sans encourir pour ce seul fait une condamnation disciplinaire (Morin, *op. cit.*, n° 626).

273. Il est bien évident que l'avoué qui, revêtu des insignes de sa profession, plaide sa propre cause, n'est pas dispensé du respect que les officiers ministériels doivent à la magistrature, et que, s'il manque à ce devoir, il est passible d'une peine disciplinaire comme s'il représentait un client. Dalloz, *Répert.*, v° *Avoué*, n° 297 ; Arg. Grenoble, 26 fév. 1828 (Dalloz, *Id.*, v° *Avoc.*, n° 446).

274. Le cessionnaire d'un office qui fait avec son cédant, au sujet du prix de cet office, une convention secrète, est passible d'une peine disciplinaire (de la suspension, par exemple), bien que cette convention ait pour objet, non de dissimuler une partie du prix, mais, au contraire, de réduire le prix ostensible. Bordeaux, 23 avr. 1860 (*J. Av.*, t. 85, p. 444).

275. En serait-il ainsi, même dans le cas où la convention, déterminée par la prévision de la perte d'une partie de la clientèle, règlerait l'indemnité à laquelle la réalisation de cette hypothèse donnerait droit au cessionnaire ? Il est permis d'en douter, car un arrêt de la Cour de Paris du 11 déc. 1849 (*J. Av.*, t. 75, p. 247) a déclaré « qu'une stipulation semblable n'a rien de contraire à l'ordre public. »

276. La clause compromissoire insérée dans un traité de cession d'office d'avoué et d'après laquelle les difficultés qui pourraient s'élever sur l'exécution de ce traité seraient soumises à la chambre des avoués, étant nulle, le cessionnaire qui, malgré cette clause, poursuit le cédant

devant le tribunal en réduction du prix de l'office, ne manque par là à aucun devoir et ne se rend passible d'aucune peine disciplinaire. Cass., 30 juill. 1850 (*J. Av.*, t. 75, p. 611 ; S. 50. 1. 577).

277. L'officier ministériel qui entrerait en exercice de ses fonctions avant d'avoir prêté le serment professionnel encourrait incontestablement une peine de discipline. Compar. Morin, t. 2, n° 653 ; Dalloz, v° *Discipl. judic.*, n° 25.

278. L'honorabilité est, pour les officiers ministériels, une condition tellement essentielle de l'exercice de leur profession, que l'action disciplinaire peut atteindre même les actes répréhensibles qu'ils avaient commis avant d'être reçus dans la corporation à laquelle ils appartiennent, et qui n'ont été divulgués que depuis. Voy. Merlin, *Répert.*, v° *Chambre des avoués*, n° 2, p. 322 ; Carré, *Organis. et compét.*, n° 157 ; Morin, t. 2, n° 650 ; Dalloz, v° *Discipl. judic.*, n° 19.

279. Il est, du reste, bien entendu que les faits antérieurs à la nomination d'un officier ministériel ne peuvent être l'objet de poursuites disciplinaires qu'autant, d'une part, que ces faits ne sont pas seulement prohibés par les règlements particuliers de la corporation dont il fait partie, mais à laquelle il n'appartenait pas alors, et, d'autre part, que, se fussent-ils trouvés en opposition avec les règles de l'état qu'il exerçait au moment où ils ont été commis, ils ne soient pas dépouillés de tout caractère déshonorant. Dalloz, n° 20.

280. C'est par application du principe d'après lequel les officiers ministériels peuvent être poursuivis disciplinairement même pour des faits antérieurs à leur investiture, qu'une jurisprudence constante déclare passible de peines disciplinaires le cessionnaire d'un office qui a

souscrit une contre-lettre dans laquelle le prix véritable de la cession est modifié. Voy. Dalloz, v° *Office*, n° 273, et les arrêts mentionnés *ibid.*, ainsi que *suprà*, n°ˢ 275 et 726.

281. L'avoué qui ne met pas au rôle, dans les délais voulus par la loi, les causes dont il est chargé, encourt la peine de la suspension. Décis. du ministre de la just., 28 févr. 1825.

282. Une circulaire antérieure du garde des sceaux, portant la date du 8 déc. 1849, avait prescrit aux chefs de parquet de provoquer les mesures de discipline prescrites par l'art. 102 du décret du 30 mars 1808 contre les avoués de première instance ou d'appel qui ne feraient pas inscrire les causes au rôle *la veille de l'échéance de l'assignation*. Mais, dans une consultation qu'a reproduite le *Journ. des Av.*, t. 66, p. 16 et suiv., MM. Chauveau et Rodière ont établi que cette inscription hâtive n'est nullement obligatoire, et que les avoués, soit pour se donner le temps d'examiner les pièces avant d'accepter le mandat que les parties veulent leur confier, soit pour permettre à celles-ci de se recueillir avant d'engager définitivement une lutte résolue peut-être dans un accès passager d'irritation et d'animosité, ont la faculté de différer la mise au rôle jusqu'à la veille de l'audience où ils se présenteront pour prendre avantage contre le défendeur défaillant.

283. Les avoués doivent veiller, dans l'intérêt de leurs clients, à ce que la disposition de l'art. 138, Cod. proc. civ., qui exige que le président et le greffier signent la minute de chaque jugement aussitôt qu'il sera rendu, soit régulièrement appliquée. Mais ils doivent prendre garde de ne point s'écarter en cela du respect qui est dû à la magistrature. Le tribunal civil de Draguignan a, en effet, déclaré passible de peines disciplinaires, comme ayant

manqué à ce respect, l'avoué qui a fait signifier au président du tribunal, en la personne du greffier, une sommation de déposer et signer dans les vingt-quatre heures la minute d'un jugement tel qu'il avait été prononcé à l'audience, avec déclaration que, faute par ce magistrat de satisfaire à cette sommation, il se réservait expressément de se pourvoir par toutes voies de droit et notamment par celle de l'inscription de faux.

284. L'avoué qui a retenu dans son étude le procès-verbal d'un ordre clos définitivement, jusqu'à l'expiration du délai pour former opposition à l'ordonnance de clôture, et ne l'a rétabli au greffe qu'après y avoir mentionné l'absence de toute opposition, peut être frappé d'une peine disciplinaire (de la censure avec réprimande, par exemple). Délibér. de la chambr. de discipl. des avoués de Périgueux, 27 mai 1870 (*J. Av.*, t. 98, p. 92).

285. La condamnation à des dommages-intérêts prononcée contre l'avoué qui a enfreint la défense que lui fait l'art. 711, Cod. proc. civ., d'enchérir pour certaines personnes, n'est point exclusive de l'application à cet avoué des peines disciplinaires que fait encourir aux officiers ministériels toute faute commise dans l'exercice de leur profession. Dalloz, *Répert.*, v° *Vent. publ. d'imm.*, n° 1654 ; Chauveau, quest. 2396 *bis*.

286. Dans une affaire où le ministère public avait prétendu que la préparation, dans l'étude d'un avoué, d'actes rentrant dans les attributions exclusives de l'huissier qui les avait signifiés, devait donner lieu à l'application de peines disciplinaires contre les deux officiers ministériels, le tribunal civil de Nantes a renvoyé les prévenus de la plainte par un jugement du 27 mai 1846 (*J. Av.*, t. 71, p. 401), où on lit notamment « que, dans plusieurs circonstances qui se rencontrent fréquemment,

l'intérêt des justiciables serait sacrifié, si certaines formalités n'étaient promptement remplies ;... que, dans ces cas, il ne serait pas juste de frapper d'une peine disciplinaire l'avoué qui, pour ne pas compromettre le droit de son client, aura fait une copie d'une pièce dont la notification doit être mise en tête de l'exploit de l'huissier ;... que, s'il est juste d'empêcher l'abus des remises que, dans certaines localités, les avoués imposent aux huissiers, rien, dans l'espèce, ne dénote l'existence de cet abus. »

287. Ce dernier motif indique la limite de la faculté reconnue aux avoués de préparer dans leurs études les actes du ministère de l'huissier. Là où il y aurait un abus appelant l'exercice du pouvoir disciplinaire, c'est dans le pacte qui autoriserait, d'une manière générale, un avoué non seulement à préparer les actes d'une certaine nature que devrait signifier un huissier, mais encore à en percevoir les émoluments en tout ou en partie.

288. L'avis émis par la chambre des avoués sur un différend soulevé entre deux avoués relativement à une question de priorité dans une poursuite (de partage, par exemple), ne fait pas obstacle à ce que celui de ces officiers ministériels auquel cet avis n'a pas été favorable en réfère à l'autorité judiciaire ; l'avoué qui exerce ce recours ne saurait être passible d'aucune peine disciplinaire, alors qu'aucune fraude ou manœuvre répréhensible ne lui est imputable. Peu importe que le règlement de la chambre ait donné à celle-ci le pouvoir de statuer en pareil cas par voie de décision, et ait établi, pour la priorité des poursuites, des règles différentes de celles prescrites par le Code de procédure ; un semblable règlement, étant illégal, ne saurait créer pour l'avoué dissident une obligation dont l'inexécution constituerait un manquement aux devoirs professionnels.

289. C'est une question grave que celle de savoir si le ministère public a le droit de requérir des peines disciplinaires, soit contre l'avoué qui n'aurait pas tenu le registre de recettes prescrit par l'art. 151 du décret du 16 fév. 1807, soit contre celui qui, ayant tenu ce registre, refuserait d'en donner communication au magistrat du parquet. M. Chauveau, après avoir admis l'affirmative dans le tome 72 du *Journ. des Av.*, p. 290, a publié, dans le tome 76, p. 54, une délibération en sens contraire de la chambre des avoués de Paris dont les arguments ont, s'est-il empressé de le dire, fortement ébranlé sa conviction. Cette délibération s'applique à établir que l'art. 151 du décret de 1807 n'a, comme les règlements antérieurs, exigé, de la part des avoués, la tenue d'un registre de recettes qu'en vue d'empêcher que l'officier ministériel, et surtout ses héritiers ne puissent réclamer deux fois les mêmes frais ; qu'il est impossible de donner à cette prescription une autre portée, lorsqu'on remarque que l'art. 151 ne la sanctionne point par une peine disciplinaire, comme il le fait à l'égard d'une autre de ses dispositions ; que l'obligation imposée aux avoués par cet article de représenter leur registre, lorsqu'ils en seront requis, n'est qu'une condition de recevabilité de leur demande en paiement de frais ; qu'aucune raison d'ordre public ne justifie la prétention du parquet de veiller à la tenue et d'obtenir quand il lui plaira la communication d'un registre dont les mentions ont souvent un caractère confidentiel.

290. J'estime moi-même que les avoués ne peuvent être tenus de communiquer leurs registres de recettes au procureur de la République que lorsqu'ils forment des demandes en paiement de frais. Le but que s'est proposé l'auteur du tarif en prescrivant la représentation de ce

registre est clairement manifesté soit par les termes mêmes de l'art. 151 du décret du 16 févr. 1807, soit par le rapprochement de ce texte et de l'art. 44 de l'ordonnance de 1453. L'art. 151, § 2, porte, il est vrai, que les avoués présenteront leur registre *toutes les fois qu'ils en seront requis*, et qu'ils formeront des demandes en paiement de frais; mais le premier de ces deux membres de phrase ne doit pas être envisagé isolément ; il se complète par le second qui en détermine la portée. Ce qui le prouve avec évidence, c'est le soin que prend l'art. 151, dans le troisième membre de phrase du même paragraphe, de déclarer que, faute de représentation du registre, les avoués seront non recevables dans leurs demandes. Comment établir, en effet, une relation plus étroite entre l'obligation de représenter le registre et la demande en paiement de frais? Au surplus, l'art. 151 du tarif n'a fait ici que reproduire la disposition de l'art. 44 de l'ordonnance de 1453, et cette disposition n'exigeait que pour les demandes en paiement de frais la production du registre des recettes. Voy., dans le sens de cette interprétation, Aix, 2 juin 1843 (S. 43. 2. 275); Dalloz, *loc. cit.*, n° 92; mon *Mémorial du Ministère public,* v° *Avoué*, n° 8.

291. Le refus d'un avoué de communiquer son registre au ministère public ne peut donc constituer une faute disciplinaire que si cette communication est requise à propos d'une demande en paiement de frais formée par cet avoué.

292. La perception d'émoluments excessifs peut certainement donner lieu contre les officiers ministériels à l'application d'une peine de discipline (Décr., 16 févr. 1807, art. 151, § 4); mais ils ne sauraient être poursuivis disciplinairement sous prétexte d'une semblable perception,

lorsque les frais qu'ils ont reçus ont été préalablement taxés et qu'il n'a pas été formé opposition à la taxe. Les officiers ministériels sont alors couverts par la décision du juge taxateur.

293. La prescription de l'action en restitution de pièces (Cod. civ., 2277), non plus que la prescription de l'action en restitution de frais (L. 5 août 1881, art. 4), ne sauraient élever une fin de non recevoir contre la poursuite disciplinaire à raison d'une perception d'émoluments excessifs. Cette poursuite est entièrement indépendante de l'exercice des actions dont il s'agit.

294. Il est hors de doute que l'avoué qui prélève des émoluments exagérés sur les fonds dont son client l'a rendu dépositaire, ne commet ni larcin ni escroquerie. Cass., 4 septembre 1847 (*J. Av.*, t. 73, p. 242). Ce fait ne peut relever que de la juridiction disciplinaire.

295. Le refus de l'avoué de remettre à son client les pièces d'une affaire terminée, peut-il être considéré comme une faute disciplinaire? L'obligation de cet avoué de rendre aux parties les actes de procédure qu'il a faits pour elles est incontestable en principe; mais ce n'est pas là une obligation absolue, et il est très généralement admis que l'avoué peut retenir ces pièces tant qu'il n'est pas payé des frais qui lui sont dus. Voy. notamment Pothier, *Mandat*, chap. V, n° 133; Coffinière et Chauveau, *J. Av.*, t. 5, p. 292, 297 et 298 ; Dalloz, *Répert.*, v° *Avoué*, n° 102; Morin, *Discipl. judic.*, t. 1, n° 200, note 4 ; Glandaz, *Encycl. du dr.*, v° *Avoué*, n° 34 ; Bioche, *Dict. de proc.*, eod. verb., n° 260 ; Chauveau, quest. 279 *bis* ; Bordeaux, 13 mars 1847 (*J. Av.*, t. 73, p. 403) ; Lyon, 28 juin 1849 (*Id.*, t. 75, p. 351); Paris, 25 août 1849 (*Id.*, t. 74, p. 621) ; Nîmes, 30 avril 1850 (t. 76, p. 31) ; Rouen 12 déc. 1851 (t. 78, p. 196); Trib. du Havre, 23 févr.

1856 (*Id.*, t. 81, p. 239). Ce n'est que dans le cas où l'avoué, payé de ses frais, se refuserait sans motifs et par pur esprit de vexation à délivrer à son client les pièces qui le concernent, qu'il commettrait la contravention aux lois ou règlements (Ordonn. de 1549, art. 44 ; Ordonn. de 1507 et de 1535; L. 3 brum. an II, art. 17) pour laquelle l'art. 102 du décret du 30 mars 1808 le déclare passible de peines disciplinaires.

296. Parmi les fautes disciplinaires que l'art. 103 du décret du 30 mars 1808 prévoit comme pouvant être commises ou découvertes à l'audience, il faut ranger le trouble d'audience causé par un individu remplissant une fonction près le tribunal, contre lequel l'art. 90, Cod. proc. civ., édicte, outre la peine de l'emprisonnement, celle de la suspension ne pouvant excéder pour la première fois le terme de trois mois. Par application de cette dernière disposition, il a été jugé que lorsqu'un trouble d'audience est commis par un officier ministériel, tel qu'un avoué exerçant près le tribunal, les juges, qui peuvent prononcer cumulativement l'emprisonnement et la suspension provisoire, ont aussi la faculté de ne prononcer que l'une ou l'autre de ces deux peines. Orléans, 25 févr. 1829 (Dalloz, n° 249).

297. Ces fautes disciplinaires comprennent aussi les faits dont s'occupe l'art. 1031, Cod. proc. civ., disposant que les officiers ministériels qui ont fait des procédures ou des actes nuls ou frustratoires peuvent, indépendamment des frais mis à leur charge et des dommages-intérêts qu'ils encourent, suivant les cas, être même suspendus de leurs fonctions.

298. Une circulaire du ministre de la justice du 5 février 1840 déclare que les officiers ministériels ne peuvent, sans encourir une poursuite disciplinaire, se livrer

à un trafic personnel sur les immeubles en les achetant
pour les revendre. On comprend, en effet, qu'un trafic
qui présente le double inconvénient de détourner les
avoués de l'exercice régulier de leurs fonctions, et de
les exposer à compromettre leur fortune et leur crédit,
leur soit interdit au point de vue disciplinaire. Mais cette
circulaire n'a point en vue les faits accidentels et isolés
d'acquisition; et un avoué ne fait rien de contraire à ses
devoirs professionnels en se rendant personnellement
adjudicataire d'immeubles à la barre du tribunal, dans
une circonstance donnée et sans esprit de spéculation.
Peu importe même que ces immeubles aient été ultérieurement revendus par lui, soit en partie, soit en totalité.
Il n'y a pas eu de sa part trafic habituel ; cela suffit pour
que l'action disciplinaire ne puisse l'atteindre.

299. Un officier ministériel que pressent de nombreux
créanciers pour obtenir le paiement de ce qu'il leur doit,
peut-il être frappé d'une peine disciplinaire, s'il ne les
désintéresse pas? M. Chauveau a répondu, dans le
J. des Av., t. 81, p. 181, qu'il faut distinguer si l'officier
ministériel est devenu insolvable par suite de malheurs
imprévus et immérités, ou si son insolvabilité est le résultat d'une inconduite notoire, en ajoutant que c'est là
en définitive une question d'appréciation. Il paraît résulter de cette observation, que, suivant M. Chauveau, l'avoué
serait passible d'une peine disciplinaire dans la seconde
hypothèse. C'est aussi mon avis. Compar., d'ailleurs, en ce
sens, Bordeaux, 16 août 1853 (*J. Av.*, t. 79, p. 475).

300. Un avoué ne manque certainement à aucun de ses
devoirs professionnels en acceptant les fonctions de
syndic de faillite, d'arbitre, d'expert ou de liquidateur en
matière commerciale ; il n'encourt donc par ce fait aucune
condamnation disciplinaire, s'il ne fait rien d'ailleurs qui

puisse, ou blesser les convenances, ou porter une atteinte, même légère, à sa considération ou à sa dignité. Nancy, 29 janv. 1870 (S. 70. 2. 144).

§ 2. — PEINES APPLICABLES AUX FAUTES DISCIPLINAIRES.

301. La chambre des avoués, instituée pour leur discipline intérieure (Arrêté 13 frim. an IX, art. 1ᵉʳ), est investie du pouvoir de prononcer, en vue du maintien de cette discipline, et selon la gravité des cas, celles des pénalités suivantes qu'elle croit devoir appliquer à ces officiers ministériels : 1° le rappel à l'ordre ; 2° la censure simple par la décision même ; 3° la censure avec réprimande par le président à l'avoué en personne, dans la chambre assemblée ; 4° l'interdiction de l'entrée de la chambre (même arrêté, art. 2 et 8).

302. D'autre part, l'art. 102 du décret du 30 mars 1808 dispose que « les officiers ministériels qui seront en contravention aux lois et règlements pourront, suivant la gravité des circonstances, être punis par des injonctions d'être plus exacts ou circonspects, par des défenses de récidiver, par des condamnations de dépens en leur nom personnel, par des suspensions à temps », et que « l'impression et même l'affiche des jugements à leurs frais pourront aussi être ordonnées, et leur destitution pourra être provoquée, s'il y a lieu ».

303. Si l'inculpation dont la chambre est saisie contre un avoué lui paraît assez grave pour mériter la suspension de celui-ci, elle s'adjoint, par la voie du sort, d'autres avoués en nombre égal, plus un, à celui des membres dont elle est composée, et, ainsi formée, elle émet

son opinion sur la suspension et la durée, par forme de simple avis (Arr. 13 frim. an IX, art. 9).

304. Quand l'avis émis par la chambre est pour la suspension, il est déposé au greffe du tribunal, et il en est remis une expédition au procureur de la République (*Id.*, art. 10).

305. L'avis émis par la chambre n'a d'effet qu'après avoir été homologué par le tribunal, sur les conclusions du procureur de la République (*Id.*, art. 3).

306. Les avoués autorisés à plaider ne conservent pas moins, en remplissant cette fonction, leur qualité d'officiers ministériels. Par conséquent, ils ne peuvent être frappés, à raison de fautes qu'ils commettraient pendant leurs plaidoiries, de la peine de l'avertissement, qui n'a été édictée qu'à l'égard des avocats par l'art. 18 de l'ordonnance du 20 nov. 1822. Paris, 5 févr. 1883 (*J. Av.*, t. 110, p. 26).

307. Les avoués qui se rendent complices du délit de postulation sont passibles, pour la première fois, d'une amende de 500 à 1,000 francs, applicable aux actes de bienfaisance exercés par la chambre, et pour la seconde fois d'une amende de 1,500 francs et de la suspension de leurs fonctions (Décr. 19 juill. 1810, art. 2).

308. Les condamnations disciplinaires peuvent être adoucies à raison des circonstances atténuantes, ou rendues plus rigoureuses par les circonstances donnant au fait un caractère plus grave, et notamment par l'état de récidive. Mais la loi ne traçant, ni sur l'un, ni sur l'autre point, aucune règle précise, le juge est investi d'une appréciation souveraine pour le choix de la peine à appliquer. Morin, t. 2, n° 821 ; Dalloz, n° 109.

309. D'après plusieurs décisions de la chancellerie, les mesures de discipline prises contre les officiers minis-

tériels ne peuvent donner lieu à l'application du droit de grâce, parce qu'elles ne constituent pas de véritables peines. Voy. notamment décis. des 10 avr. 1839 et 10 août 1843. Cette interprétation semble contestable, car leur caractère disciplinaire n'empêche pas que les pénalités appliquées aux officiers ministériels en vertu des règlements qui gouvernent leur profession n'affectent leur honneur. Legoux, *Tr. du dr. de grâce*, p. 119 et suiv. Mais il y aurait quelque témérité à espérer que la chancellerie reviendra sur sa jurisprudence. Compar. Dalloz, n° 127.

§ 3. — JURIDICTIONS DISCIPLINAIRES. — COMPÉTENCE.

310. Les chambres de discipline prononcent celles des peines établies par l'art. 8 de l'arrêté du 13 frim. an IX *qu'elles croient devoir appliquer*. Elles ne sont, par conséquent, assujetties qu'à l'obligation imposée à toute juridiction répressive de proportionner la peine à la gravité de l'infraction.

311. L'application des peines disciplinaires édictées par l'art. 102 du décret du 30 mars 1808 échappe à la compétence de la chambre. L'art. 103, § 2, de ce décret porte, en effet, que « les mesures de discipline à prendre sur les plaintes des particuliers, ou sur les réquisitoires du ministère public, pour cause de faits qui ne se seraient point passés ou qui n'auraient pas été découverts à l'audience, seront arrêtées en assemblée générale, à la chambre du conseil, après avoir appelé l'individu inculpé. »

312. Aux termes du § 1er du même article, c'est à chaque chambre de Cour d'appel ou de tribunal de pre-

mière instance à l'audience de laquelle des fautes de
discipline ont été commises ou découvertes, qu'il appartient de connaître de ces fautes.

313. Les tribunaux de première instance ne peuvent
arrêter des mesures disciplinaires contre les avoués pour
fautes qui n'ont pas été commises ou n'ont pas été découvertes à l'audience, qu'en assemblée générale à la
chambre du conseil. La condamnation à une peine
disciplinaire prononcée en pareil cas dans la forme d'un
jugement ordinaire, en audience publique, constitue un
excès de pouvoir, alors même que le ministère public et
l'inculpé ont été entendus en la chambre du conseil.
Cass., 13 mars 1827 (Dalloz, v° *Discipl. judic.*, n° 271) et
15 janv. 1883 (*J. Av.*, t. 108, p. 422; S. 83. 1. 160).
Conf., Morin, *Discipl. des cours et trib.*, t. 1, n°ˢ 239 et 249;
Dalloz, *loc. cit.*

314. Suivant un arrêt de la Cour de Caen, du 27 déc.
1843 (*J. Av.*, t. 66, p. 36), la découverte, à l'audience
d'une juridiction à laquelle un avoué n'est pas attaché,
de fautes commises par cet avoué dans l'exercice de sa
profession, suffit pour investir cette juridiction du pouvoir
d'appliquer à l'officier ministériel une peine disciplinaire.
Et, par exemple, les fautes qu'un avoué aurait commises
dans une procédure de première instance pourraient
être relevées par la Cour saisie de l'appel du jugement
rendu sur cette procédure, et motiver, de sa part, une
condamnation disciplinaire.

315. Cette solution ne saurait être admise. Les fautes
découvertes à l'audience dont l'art. 103 du décrét du
30 mars 1808 attribue le jugement aux Cours et tribunaux, doivent s'entendre de celles qui ont été commises
par les officiers ministériels établis près la Cour ou le
tribunal qui les a découvertes à son audience. Autre-

ment, il faudrait aller jusqu'à reconnaître au tribunal de première instance qui, sur le renvoi d'une affaire portée devant une Cour d'appel, découvrirait une faute commise dans la procédure d'appel par un avoué exerçant près cette Cour, le droit de punir disciplinairement celui-ci, ce qui serait contraire à toutes les règles de la hiérarchie judiciaire. Voy., en ce sens, Cass., 3 nov. 1820 (*J. Av.*, t. 5. p. 372 ; S., coll. nouv., 6. 1. 320).

316. La Cour de cassation a jugé, en effet, que la juridiction disciplinaire d'une Cour ou d'un tribunal ne peut s'exercer que sur les officiers ministériels attachés à cette Cour ou à ce tribunal, et que, dès lors, une Cour d'appel excède ses pouvoirs en statuant sur l'action disciplinaire dirigée contre un avoué exerçant près un tribunal de première instance de son ressort, sous prétexte que la faute reprochée à cet avoué aurait été découverte à son audience. Cass., 29 déc. 1845 (*J. Av.*, t. 70, p. 17 ; S. 46. 1. 232).

317. Mais, d'après un autre arrêt de la Cour de cassation du 19 août 1835 (S. 35. 1. 592), l'avoué qui est intervenu en cause d'appel pour y soutenir le bien jugé d'une décision du tribunal de première instance par laquelle des frais de procédure n'ont pas été mis à sa charge comme frustratoires, peut, en cas d'infirmation de cette décision sous ce rapport, être condamné par la Cour aux peines disciplinaires qu'édicte l'art. 1031, Cod. proc. Cet arrêt justifie la compétence de la Cour d'appel, en pareil cas, d'un côté, par la plénitude de juridiction dont elle est investie à l'égard des officiers ministériels attachés aux tribunaux inférieurs de son ressort, motif insuffisant, comme on l'a vu par la solution du numéro précédent, et par cette considération, plus plausible, « qu'il serait déraisonnable de prétendre qu'en infirmant la décision

des premiers juges, la Cour eût dû renvoyer devant eux l'officier ministériel dont elle improuvait la conduite et qu'eux-mêmes avaient absous ».

318. Il ne faudrait pas induire de la disposition de l'art. 102 du décret du 30 mars 1808, que les tribunaux ne puissent absolument connaître des fautes disciplinaires que lorsqu'elles consistent dans des contraventions aux lois ou règlements. C'est aux tribunaux qu'il appartient, à l'exclusion des chambres de discipline, de connaître des fautes qui sont commises contre eux par les officiers ministériels, bien qu'elles ne résultent point de la violation d'une loi ou d'un règlement. Voy. Trib. civ. de Draguignan, 13 août 1840 (Dalloz, v° *Discipl. judic.*, n° 261).

319. Il a même été décidé, d'une manière générale, que les tribunaux de première instance sont investis d'un pouvoir discrétionnaire pour apprécier, à l'égard des officiers ministériels, les faits, autres que les contraventions aux lois et règlements, qui sont passibles de peines disciplinaires, comme étant contraires à l'honneur, à la probité ou à la délicatesse, ou comme constituant des négligences ou autres fautes analogues. Trib. civ. de Saint-Pons, 21 mai 1874 (*J. Av.*, t. 100, p. 455).

320. La destitution d'un officier ministériel ne peut être prononcée par le tribunal. Il appartient au gouvernement seul de prendre cette grave mesure, à la suite soit du compte que le procureur général doit rendre au ministre de la justice des actes de discipline, soit de la transmission qu'il doit lui faire des arrêtés des tribunaux, accompagnés de ses observations (Décr. 30 mars 1808, art. 103, § 3), soit *proprio motu* (Cass., 11 avr. 1835, S. 35. 1. 246); Cons. d'Et. 10 déc. 1846, S. 47. 2. 184).

321. La décision par laquelle la chambre de discipline prononce contre un avoué une peine disciplinaire, par

exemple, l'interdiction de l'entrée de la chambre, après que la plainte portée contre cet avoué a été retirée, et sans qu'il ait été cité par le syndic pour répondre à l'action disciplinaire dont il est l'objet, porte atteinte au droit de la défense et contient un excès de pouvoirs. Cass., 9 avril 1862 (*J. Av.*, t. 87, p. 193 ; S. 62. 1. 475).

322. L'avoué qui a été cité devant la chambre de discipline pour un certain fait ne peut incontestablement être condamné à raison d'un autre fait qui a été relevé seulement devant la chambre, et dont celle-ci s'est saisie après qu'il s'était retiré du lieu de la séance, et sans qu'il eût ni reçu aucune citation, relativement à ce second fait, ni été averti que le syndic entendait en faire l'objet d'une poursuite disciplinaire. Cass., 29 mai 1883 (*J. Av.*, t. 110, p. 26 ; S. 84. 1. 64).

323. Et il suit de là que, si une peine disciplinaire a été infligée à l'avoué en répression des deux chefs de prévention, sans division ni distinction, la décision de la chambre de discipline doit être annulée pour le tout. Même arrêt.

324. Il n'est pas moins incontestable qu'en matière disciplinaire le ministère public n'est pas recevable à relever pour la première fois en appel un chef d'inculpation distinct de celui qui a motivé la poursuite en première instance. Bordeaux, 19 août 1884 (*J. de proc.*, t. 49, p. 391).

325. Sans doute, il ne suffit point que l'avoué interpellé, devant la chambre de discipline, par le plaignant, au sujet d'un fait autre que celui pour lequel il a été cité, ait répondu « qu'il avait usé de son droit », pour qu'il doive être réputé avoir reconnu la régularité de la poursuite disciplinaire relativement à ce fait ou avoir vo-

lontairement défendu à cette poursuite. Cass., 29 mai 1883, précité.

326. Mais l'avoué cesserait d'être recevable à opposer la nullité de la poursuite, s'il avait accepté le débat sur le fait non relevé dans la citation. Compar. Cass., 18 mai 1870 (S. 70. 1. 236) et 24 janv. 1881 (S. 81. 1. 417).

327. La chambre de discipline devant laquelle est renvoyée, après cassation d'une décision rendue par une autre chambre, la connaissance d'une poursuite disciplinaire, est compétente pour connaître de faits qui n'avaient pas été dénoncés dès l'origine par la partie poursuivante, mais sur lesquels s'était expliquée la décision cassée. Cass., 18 août 1864 (*J. Av.*, t. 91, p. 99).

328. La juridiction disciplinaire ne peut être exercée par les tribunaux que sur les personnes qui leur sont attachées par l'exercice de leurs fonctions. Ainsi, une Cour d'assises devant laquelle un avoué a été traduit comme accusé n'a pas qualité, en cas d'acquittement de cet officier ministériel, pour le suspendre de ses fonctions à raison des mêmes faits. Cass., 3 nov. 1820 (S., coll. nouv, 6. 1. 320).

329. Une chambre d'accusation, qui a reconnu qu'un fait imputé à un avoué ne constitue ni crime ni délit, est incontestablement sans droit pour enjoindre au ministère public de poursuivre ce fait disciplinairement. Cass., 8 oct. 1820 (Dalloz, v° *Discipl. judic.*, n° 51).

330. De même, un officier ministériel ne peut être puni disciplinairement, incidemment à un procès dans lequel il ne figure pas en cette qualité, par un tribunal autre que celui duquel il dépend. Dard, *Tr. des offices*.

331. Dans un ordre d'idées analogue, il a été jugé que les fautes commises par un officier ministériel et découvertes à l'audience de l'une des chambres d'une Cour d'appel

ne peuvent être ultérieurement frappées de peines disciplinaires par les chambres réunies, statuant en chambre du conseil. Aix, 8 sept. 1821 (S. 22. 2. 306).

332. Il est évident — et l'on conçoit difficilement que la Cour de cassation ait pu être appelée à le proclamer elle-même — qu'un juge-commissaire aux ordres excède ses pouvoirs, en appliquant des peines disciplinaires aux avoués qui négligent soit de se rendre aux séances dont il a fixé les jours et les heures, soit de fournir les renseignements demandés par lui. Voy. Cass., 15 juin 1846 (*J. Av.*, t. 71, p. 520).

333. Un autre excès de pouvoir plus grave encore avait été commis dans une autre espèce. Le premier président d'une Cour d'appel, auquel une plainte avait été adressée contre un avoué de première instance du ressort de cette Cour, avait cru devoir rendre une ordonnance disposant que le plaignant paraîtrait devant lui en son cabinet; qu'il y ferait appeler toutes personnes qu'il jugerait utiles; que le procureur général serait prié de s'y rencontrer; et qu'enfin l'avoué dénoncé serait cité pour venir s'y expliquer sur les faits allégués contre lui. La Cour de cassation, par arrêt du 18 juin 1846 (*J. Av.*, t. 70, p. 334; S. 46. 1. 537), a annulé cette ordonnance, « attendu, en droit, que le premier président d'une Cour d'appel n'est investi par aucune loi du droit de statuer juridictionnellement sur des abus de ministère imputés à un avoué exerçant près l'un des tribunaux de première instance de son ressort; ... attendu qu'en permettant d'assigner ainsi ledit avoué sous l'inculpation des faits spécifiés dans la dénonciation, le premier président a fait acte d'une juridiction qui ne lui appartenait pas, et commis ainsi un excès de pouvoirs ».

334. Les tribunaux de commerce peuvent, de même

que les autres tribunaux, réprimer les délits commis à
leur audience; mais ils n'ont aucune juridiction disciplinaire à l'égard des mandataires, quels qu'ils soient, qui
représentent les parties devant eux; parce que ces mandataires, fussent-ils des avoués, ne sauraient être considérés, en pareil cas, comme des officiers ministériels sur
lesquels s'étende le pouvoir disciplinaire des juges.
Comp. Pau, 1er sept. 1818; Chambéry, 26 août 1873
(*J. Av.*, t. 98, p. 401); Morin, t. 1, n° 233; Dalloz,
v° *Agréé*, n° 41.

335. En matière disciplinaire, la Cour d'appel, ayant
plénitude de juridiction, peut, en infirmant la décision
du tribunal de première instance, évoquer le fond, suivant la règle générale établie pour les juges d'appel en
matière civile et en matière criminelle (Cod. proc. civ.,
473; Cod. instr. crim., 215). Caen, 22 mai 1871 (*Journ.
du Minist. publ.*, t. 14, p. 85); Lyon, 27 nov. 1873
(*J. Av.*, t. 99, p. 8); Morin, t. 2, n° 724; Dalloz, v^is *Degrés
de juridiction*, n°s 543 et suiv., et *Discipline*, n°s 73 et suiv.

336. Les juridictions disciplinaires n'ont de compétence qu'à l'égard des mesures de discipline qui forment
l'objet spécial de leurs attributions. Une chambre de discipline saisie d'un abus de fonctions imputé à un officier
ministériel ne saurait donc, en même temps qu'elle lui
applique une peine disciplinaire, le condamner en outre
à l'amende, aux restitutions ou aux dommages-intérêts.
Dalloz, v° *Discipl. judic.*, n° 65. Voy., à l'appui de cette
proposition incontestable, Cass. 3 mars 1829 (Dalloz,
ibid., n° 66).

337. Il a été jugé, en ce sens, que les tribunaux statuant disciplinairement sur les plaintes dirigées contre
des officiers ministériels sont incompétents pour con-

naître des demandes en dommages-intérêts formées par les parties plaignantes, et que ces demandes ne peuvent être portées que devant les tribunaux jugeant en audience publique, conformément à la règle générale. Paris, 21 avr. 1836 (S. 36. 2. 433).

338. Les poursuites disciplinaires peuvent, comme requérant célérité, être portées devant la chambre des vacations. Rennes, 7 janvier 1839 (S. 39. 2. 539).

339. Les peines de discipline intérieure sont compétemment prononcées par les tribunaux eux-mêmes, lorsque les chambres de discipline négligent ou refusent d'exercer leur pouvoir disciplinaire. Dalloz, v° *Discipl. judic.*, n° 69.

340. Mais faut-il aller plus loin, et reconnaître ici aux tribunaux la plénitude de juridiction, en telle sorte qu'ils aient, dans tous les cas, concurremment avec les chambres de discipline, le droit d'appliquer les peines de discipline intérieure ? Cette question a été principalement débattue en ce qui concerne les fautes disciplinaires des notaires, et elle est controversée. Toutefois, la jurisprudence de la Cour de cassation a consacré la solution négative, que je considère aussi comme seule conforme à l'esprit aussi bien qu'à la lettre du décret de 1808. Voy. les arrêts mentionnés par Dalloz, v° *Discipl. judic.*, n°ˢ 266 et 267.

§ 4. — EXERCICE ET DURÉE DE L'ACTION DISCIPLINAIRE.
— INSTRUCTION.

341. A la différence de l'action en responsabilité (Voy. *suprà,* n° 32), l'action disciplinaire peut s'exercer indépendamment de la constatation d'un préjudice causé aux parties. Le seul tort qui doive lui servir de fonde-

ment est celui que la conduite de l'officier ministériel a fait à l'honneur de la corporation dont il est membre. Cass., 19 août 1844 (S. 45. 1. 62); Dalloz, n° 26.

342. Le droit de déférer à la Cour de cassation pour excès de pouvoirs les jugements statuant en matière disciplinaire contre les officiers ministériels, n'appartient qu'au ministère public institué près le tribunal duquel émanent ces jugements. Ainsi, le procureur général près une Cour d'appel n'a pas qualité pour se pourvoir en cassation contre un jugement rendu par un tribunal de première instance du ressort sur la poursuite disciplinaire dirigée contre un officier ministériel par le procureur de la République; ce recours ne peut être exercé que par ce dernier magistrat. Cass., 15 janv. 1883 (S. 84. 1. 159).

343. On peut regarder comme constant que l'action disciplinaire est indépendante de l'action civile et de l'action publique. Voy. Lyon, 27 nov. 1873 (*J. Av.*, t. 99, p. 8), et les autorités mentionnées dans mon *Mémorial du Ministère public*, v° *Discipline*, n°s 25 et suiv. De là il résulte nécessairement que l'officier ministériel contre lequel une condamnation à des dommages-intérêts a été prononcée, au civil, à raison de faits engageant sa responsabilité, peut être encore ultérieurement l'objet de poursuites disciplinaires, de la part du ministère public, pour les mêmes faits, et *vice versâ*. Voy. Trib. civ. de Saint-Pons, 21 mai 1874 (*J. Av.*, t. 100, p. 455); Dalloz, n°s 27 et suiv., et les arrêts cités *ibid*.

344. De ce principe il résulte encore que lorsqu'un officier ministériel est, pour le même fait, l'objet de poursuites criminelles et de poursuites disciplinaires, le tribunal saisi de ces dernières poursuites n'est pas tenu de surseoir à statuer jusqu'au moment où il connaîtra

l'issue du procès criminel. Lyon, 7 nov. 1873 (S. 74. 2. 88). Voy. aussi Bordeaux, 20 déc. 1842 (Dalloz, v° *Discipl.*, n° 31). Cependant il est préférable que la juridiction disciplinaire ne rende pas sa décision avant que les poursuites criminelles aient été définitivement jugées, à cause de l'influence qu'une condamnation prononcée par elle pourrait exercer sur l'esprit des juges criminels. Dalloz, n° 32.

345. Réciproquement, les poursuites disciplinaires ne mettent point obstacle à l'exercice simultané et au jugement soit de l'action civile, soit de l'action publique. Et il a été décidé, par exemple, que, bien qu'une chambre de discipline ait été chargée par le garde des sceaux de vérifier les faits imputés à des officiers ministériels à l'effet d'appliquer, s'il y a lieu, les peines disciplinaires requises contre ceux-ci, les officiers ministériels inculpés n'en ont pas moins le droit de poursuivre devant les tribunaux l'auteur des imputations, sans qu'on puisse leur opposer l'exception de litispendance. Cass., 28 sept. 1815 (S., coll. nouv., 5. 1. 101).

346. Une autre conséquence du principe de l'indépendance respective de l'action publique ou civile et de l'action disciplinaire, c'est que l'extinction de l'une n'entraîne point l'extinction de l'autre.

347. L'officier ministériel poursuivi disciplinairement ne peut être jugé sans avoir été entendu ou appelé. Le droit de défense n'est pas moins sacré en matière disciplinaire qu'en matière civile ou en matière criminelle. Voy. notamment Cass., 21 mai 1844 (Dalloz, v° *Notaire*, n° 840).

348. L'inculpé doit donc recevoir une citation. Turin, 12 janv. 1810 (Dalloz, *eod. verb.*, n° 839); excepté dans le cas où, s'agissant d'une faute commise ou découverte

à l'audience, et l'officier ministériel étant présent, il est procédé au jugement séance tenante. Mais l'officier ministériel doit, même pour une faute de ce genre, recevoir une citation, lorsque le jugement n'est pas rendu instantanément, et qu'il y a remise à une audience ultérieure, surtout si l'officier ministériel ne se trouve pas présent à cette remise. Dalloz, v° *Discipl. judic.*, n° 272.

349. Les avoués traduits devant la chambre de discipline sont cités par une simple lettre indicative de l'objet de l'inculpation, signée du syndic et envoyée par le secrétaire qui en tient note (Arr. 13 frim. an IX, art. 11).

350. Pour la citation devant le tribunal en chambre du conseil, aucune règle particulière n'est prescrite. On peut donc employer indifféremment la forme d'un exploit ou celle d'une simple lettre.

351. La lettre par laquelle un avoué est cité devant la chambre de discipline à la requête du syndic ne doit point nécessairement contenir un exposé complet des faits reprochés à l'inculpé; il suffit qu'elle indique l'objet de la poursuite, soit par les inculpations précises qu'elle renferme, soit par sa relation à une délibération dans laquelle les faits avaient été précédemment énoncés. Cass., 4 avril 1864 (*J. Av.*, t. 90, p. 153; S. 65. 1. 230).

352. Le délai de la comparution devant la chambre de discipline ne peut être au-dessous de cinq jours. La loi n'en détermine aucun pour la comparution devant la chambre du conseil du tribunal; mais il y a lieu, évidemment, d'observer un délai suffisant pour que l'officier ministériel inculpé puisse préparer sa défense.

353. L'arrêt prononçant une peine de discipline contre l'avoué qui a occupé pour une des parties en première instance, sans que cet avoué ait été entendu ni appelé,

viole le droit de la défense. Cass., 30 août 1824 (S., coll. nouv., 7. 1. 527).

354. Spécialement, l'arrêt qui, en rejetant la demande d'un avoué par le motif qu'elle aurait pour objet des frais frustratoires, le condamne à une peine disciplinaire sur les réquisitions du ministère public, sans que ces réquisitions lui aient été communiquées et qu'il ait été appelé pour y répondre, est entaché d'excès de pouvoirs. Cass., 23 nov. 1823 (Dalloz, v° *Avoué*, n° 293). — Et il en est de même de l'arrêt qui, sur l'appel d'un jugement, a prononcé, pour faute découverte à l'audience, une peine de discipline contre un avoué de première instance qui, n'étant pas partie au procès, n'avait pas été mis à même de se défendre contre les réquisitions du ministère public. Cass., 30 août 1824 (*Ibid.*). — Compar. *suprà*, n° 347.

355. Mais l'avoué qui, ayant été condamné disciplinairement par défaut, a omis, sur l'opposition formée par lui au jugement, de se prévaloir de ce qu'il n'a été ni entendu ni appelé, et s'est défendu au fond, n'est plus recevable à arguer le jugement de nullité. Cass., 20 décembre 1830 (Dalloz, n° 91).

356. En matière disciplinaire, les inculpés, bien que leur comparution personnelle puisse être exigée, ont le droit de se faire assister par un défenseur. Trib. de Draguignan, 13 août 1840 (Dalloz, v° *Discipl. judic.*, n° 89).

357. Les faits poursuivis disciplinairement peuvent être prouvés par témoins, aussi bien lorsqu'ils sont déférés à la chambre de discipline que lorsque c'est le tribunal qui en est saisi. Mais les formes ordinaires des enquêtes ne sont de rigueur ni dans l'un ni dans l'autre cas. Voy. Dalloz, n°s 92 et suiv.

358. Lorsque des poursuites disciplinaires sont exercées conjointement contre des officiers ministériels et

contre des membres d'un autre corps, à raison d'une faute qui leur est commune, la jonction peut en être ordonnée pour cause de connexité, bien que les inculpés soient justiciables de juridictions différentes (Voy. arrêt de la Cour d'Aix mentionné par Dalloz, n°ˢ 64 et 101); et la juridiction qui doit être saisie des unes et des autres est celle qui présente le plus de garantie à la défense. Morin, t. 2, n° 673; Dalloz, n° 102.

359. En raison de son objet, qui est, non point de donner satisfaction à un intérêt privé, mais de sauvegarder, dans l'intérêt général, l'honneur du corps auquel appartient l'inculpé, l'action disciplinaire, une fois mise en mouvement, ne peut s'éteindre par l'effet du désistement de la plainte. Morin, t. 2, n° 698; Dalloz, n° 42.

360. Mais la démission des fonctions dans l'exercice desquelles un fait de discipline a été commis, empêche que ce fait ne soit soumis à l'action du pouvoir disciplinaire, du moins lorsqu'elle a été acceptée par l'autorité compétente; car si elle n'avait été donnée que pour éluder cette action, l'autorité supérieure pourrait n'y pas avoir égard, et différer le remplacement de l'officier démissionnaire, afin de laisser celui-ci sous le coup de poursuites qui amèneraient sa destitution. Dalloz, n° 43.

361. On ne prescrit pas contre les règles de l'honneur. Un officier ministériel peut donc être poursuivi criminellement pour des faits à l'égard desquels l'action publique serait éteinte par la prescription. Cass., 30 déc. 1824 (Dalloz, *Répert.*, v° *Chose jugée*, n° 525-5°) et 23 avril 1839 (S. 39. 1. 472); Limoges, 21 juin 1838 (S. 39. 2. 143); Morin, t. 2, p. 177; Dalloz, v° *Discipl. judic.*, n° 38.

362. Mais l'ancienneté du fait imputé comme faute disciplinaire peut être, suivant les cas, prise en considé-

ration, soit pour laisser ce fait impoursuivi (Dalloz, n° 41), soit pour déterminer les juges auxquels il est déféré à ne le frapper d'aucune peine ou à ne lui appliquer qu'une peine légère (motifs de l'arrêt de la Cour de cass. du 23 avril 1839, précité).

363. Il n'est pas besoin de dire que, les peines disciplinaires étant essentiellement personnelles, le décès de l'officier ministériel inculpé met nécessairement fin à l'exercice de l'action disciplinaire. Morin, t. 2, n° 700 ; Dalloz, n° 44.

§ 5. — JUGEMENT DE L'ACTION DISCIPLINAIRE.

364. La récusation peut-elle être exercée contre les membres d'une chambre d'avoués exerçant la juridiction disciplinaire? Cette chambre, en pareil cas, est un véritable tribunal. Il semble donc rationnel que l'avoué traduit devant elle soit admis à récuser ceux de ses membres qui se trouveraient dans l'un des cas prévus par l'art. 378, Cod. proc. civ. Voy. en ce sens, Morin, t. 2, p. 236 et suiv.; Dalloz, v° *Discipl. judic.*, n° 56 ; Chauveau, *J. Av.*, t. 81, p. 439.

365. Aucunes formes n'étant prescrites, en pareil cas, pour la récusation, elle peut être proposée, soit par écrit, soit verbalement, avec indication des motifs sur lesquels elle se fonde. Le rejet qui en est prononcé n'entraîne pas de condamnation à l'amende. Dans aucun cas, la décision qui intervient n'est susceptible de recours. Dalloz, n° 57.

366. Il est de jurisprudence constante que la décision par laquelle une chambre d'avoués prononce des peines disciplinaires est nulle, si elle ne constate pas que le

syndic et le rapporteur ont été entendus. Cass., 13 nov. 1872 (S. 73. 1. 104) et 2 mars 1881 (S. 81. 1. 419).

367. Les art. 141 et 142, Cod. proc., relatifs à la rédaction des qualités des jugements, ne sont pas applicables en matière disciplinaire. Il suffit, pour la régularité de la procédure, que le jugement ou l'arrêt mentionne que l'officier ministériel inculpé a été mis à même de se défendre, et indique ses conclusions, ainsi que celles du ministère public. Cass., 2 juin 1847 (S. 47. 1. 606) et 1er déc. 1880 (S. 81. 1. 255).

368. C'est dans la forme d'un simple arrêté, rendu en la chambre du conseil, et non par un jugement prononcé publiquement, que les Cours et tribunaux doivent appliquer les peines disciplinaires aux officiers ministériels pour des faits qui n'ont pas eu lieu ou n'ont pas été découverts à l'audience. Cass., 3 nov. 1806 et 13 mars 1827 (Dalloz, v° *Discipl. judic.*, n°s 271 et 274).

369. Le principe suivant lequel, en matière répressive, dans le cas de partage des voix, l'avis le plus favorable à l'inculpé doit prévaloir, est applicable en matière disciplinaire. Lors donc que, sur une action disciplinaire dirigée devant le tribunal en chambre du conseil contre un avoué, les voix se partagent également, le tribunal ne doit point se borner à déclarer le partage, mais il est tenu de renvoyer purement et simplement l'inculpé des poursuites. Cass., 6 avr. 1858 (*J. Av.*, t. 83, p. 551; S. 58. 1. 385); Dalloz, v° *Discipl. judic.*, n° 113.

370. Il y a, en matière disciplinaire, même raison que dans les autres matières, de notifier les décisions aux parties. Voy. Cass., 25 nov. 1813 (S., coll. nouv., 4. 1. 474); Paris, 25 août 1834 (S. 34. 2. 495). — Cette notification peut, comme la citation à comparaître devant le tribunal ou la chambre de discipline (Voy. *suprà*, n°s 349

et 350), être faite soit par exploit, soit par lettre. Dalloz, v° *Discipl. judic.*, n° 122. — Voy. d'ailleurs l'arrêté du 13 frim. an IX, art. 13.

371. Il a été décidé, spécialement, que les jugements qui prononcent contre les officiers ministériels la peine de l'interdiction ou celle de la suspension des fonctions, ne produisent aucun effet tant qu'ils n'ont pas été signifiés. Jusque-là, les actes faits par ces officiers ministériels, dans les limites des attributions que comportent leurs fonctions, sont valables. Cass., 25 nov. 1813 (S., coll. nouv., 4. 1. 474).

§ 6. — VOIES DE RECOURS CONTRE LES DÉCISIONS DISCIPLINAIRES.

372. Aux termes de l'art. 1er de l'arrêté du 2 therm. an X, les décisions disciplinaires de la chambre des avoués sont exécutées sans appel ou recours aux tribunaux.

373. D'un autre côté, l'art. 103, § 2, du décret du 30 mars 1808, déclare que les décisions disciplinaires rendues par les tribunaux en assemblée générale, à la chambre du conseil, relativement à des faits qui ne se sont point passés ou qui n'ont pas été découverts à l'audience, ne sont susceptibles ni d'appel, ni de pourvoi en cassation, excepté dans le cas où la suspension résulte d'une condamnation prononcée par jugement.

374. Lorsque les décisions disciplinaires ont été rendues en audience publique, dans la forme des jugements ordinaires (par exemple, quand elles prononcent la suspension ou même une peine moindre pour fautes commises ou découvertes à l'audience), elles peuvent incontestablement être frappées d'appel ou attaquées par

le recours en cassation pour incompétence ou excès de pouvoirs. Cass., 5 avril 1841 (S. 41. 1. 289) et 29 décembre 1845 (*J. Av.*, t. 70, p. 17 ; S. 46. 1. 232).

375. Mais, d'après le dernier état de la jurisprudence, la décision par laquelle le tribunal, réuni en assemblée générale dans la chambre du conseil, prononce une peine disciplinaire contre un officier ministériel, n'est susceptible ni d'appel ni de recours en cassation, même pour incompétence ou excès de pouvoirs. Voy. notamment Bordeaux, 3 juin 1850 (*J. Av.*, t. 75, p. 515) ; Agen, 22 janv. 1851 (*Id.*, t. 76, p. 264) ; Liège, 30 janv. 1873 (*Id.*, t. 98, p. 135) ; Cass., 18 nov. 1873 (*J. Av.*, t. 100, p. 8, S. 74. 1. 421). Et cette opinion se fonde sur les raisons suivantes : 1° L'art. 103 du décret du 30 mars 1808 dispose, d'une manière générale, que les mesures disciplinaires arrêtées par des tribunaux, en chambre du conseil, contre les officiers ministériels ne sont point sujettes à l'appel, ni au recours en cassation, sauf dans le cas où la suspension est prononcée *par jugement.* — 2° La loi a institué une autorité supérieure qui doit dire le dernier mot ; c'est le ministre de la justice, auquel les *arrêtés* des tribunaux sont transmis, afin, dit le même art. 103, qu'il puisse être *statué sur les réclamations,* ou que la destitution soit prononcée, s'il y a lieu. — 3° La loi n'organise aucune procédure propre à fixer les bases et les délais des recours. Elle a tout réglé en vue d'une décision prompte et en rapport avec son objet et sa nature. Elle n'a pas voulu mêler aux agissements de la juridiction *sui generis* et complète qu'elle a établie, l'intervention et l'autorité d'une autre juridiction.

376. Toutefois, la doctrine contraire, qu'avaient antérieurement consacrée, soit une Cour d'appel (Rennes, 19 juill. 1833, Dalloz, v° *Discipl. judic.*, n° 282), soit la

Cour de cassation elle-même (6 août 1867, *J. Av.*, t. 93, p. 61 ; S. 68. 1. 21), est professée par des auteurs recommandables (Morin, t. 2, n° 729 ; Dalloz, v° *Discipl. judic.*, n° 282). Le motif sur lequel elle s'appuie est que l'art. 103 du décret de 1808 ne concerne que la décision au fond, et ne peut recevoir d'application lorsque la délibération du tribunal est attaquée pour excès de pouvoirs ou incompétence, rien n'autorisant à croire que ce décret ait entendu déroger à la règle générale suivant laquelle ces moyens de recours sont admissibles contre tous jugements. Ce raisonnement très spécieux a été accueilli par un récent arrêt de la Cour de Paris (5 févr. 1883, *J. Av.*, t. 110, p. 26). Il serait désirable qu'il eût assez de puissance pour amener un retour de la jurisprudence de la Cour suprême à l'opinion qu'elle a abandonnée.

377. La solution devrait rationnellement être la même à l'égard des décisions émanées des chambres de discipline que pour celles rendues par les tribunaux en chambre du conseil. Cependant la Cour suprême distingue, relativement aux premières, entre l'appel et le pourvoi en cassation ; et, tandis qu'elle les déclare non susceptibles d'appel pour excès de pouvoirs ou incompétence, elle admet qu'elles peuvent lui être déférées pour ces mêmes causes. Voy. Cass., 16 nov. 1846 (S. 46. 1. 804) et 9 avr. 1862 (*J. Av.*, t. 87, p. 193 ; S. 62. 1. 475).

378. L'appel du ministère public, dans les cas où cette voie de recours est ouverte, doit être notifié à l'officier ministériel inculpé dans le délai de deux mois prescrit à l'égard des jugements rendus en matière civile. Mais l'acte de notification de l'appel ne doit pas nécessairement contenir assignation à comparaître devant la Cour ; et il est suffisamment satisfait au vœu de la loi, si l'officier ministériel, auquel l'appel a été notifié dans

le délai de deux mois, a été, même après l'expiration de ce délai, assigné à comparaître. Cass., 1er déc. 1880 (S. 81. 1. 255).

379. Dans le silence de la loi sur le mode d'après lequel l'appel d'une décision du tribunal rendue en la chambre du conseil doit être interjeté, l'on décide avec raison qu'il y a lieu d'observer ici les formes tracées par l'art. 456, Cod. proc. civ., et non les formes prescrites pour les appels en matière correctionnelle par l'art. 203, Cod. instr. crim. Douai, 15 juin 1835 (*J. Av.*, t. 49, p. 537); Gand, 5 avril 1866 (*Id.*, t. 91, p. 417).

380. Le pourvoi en cassation contre une décision disciplinaire ne peut non plus être valablement formé par déclaration au greffe du tribunal qui a rendu cette décision. Cass., 29 déc. 1845 (*J. Av.*, t. 70, p. 17 ; S. 46. 1. 232).

381. Les jugements rendus par les tribunaux de première instance sur les poursuites exercées contre les prévenus du délit de postulation et contre les avoués inculpés de complicité de ce délit, sont susceptibles d'être attaqués par la voie de l'appel (Décr. 19 juill. 1810, art. 6).

382. Sur le droit d'évocation des Cours d'appel en matière disciplinaire, Voy. *suprà*, n° 335.

383. D'après quelques décisions, l'avoué cité devant le tribunal en chambre du conseil comme passible d'une peine disciplinaire, ne peut se pourvoir devant la Cour d'appel à l'effet d'obtenir son renvoi devant un autre tribunal pour cause de suspicion légitime. Cass., 17 juillet 1823 (S., coll. nouv., 7. 1. 294); Bordeaux, 25 mai 1859 (S. 59. 2. 692). Mais cette solution est contestée par de graves auteurs, qui font remarquer, non sans raison selon moi, qu'il ne serait point juste d'enlever à des jus-

ticiables auxquels nulle loi ne la dénie, dans une matière où l'honneur est toujours intéressé, une garantie accordée aux parties dont les intérêts pécuniaires sont seuls en discussion. Carré, *Organis. et compét.*, n° 103 ; Morin, t. 2, n° 725 ; Dalloz, v° *Discipl. judic.*, n°ˢ 60 et suiv.

384. Les décisions disciplinaires rendues par défaut contre les avoués par leurs chambres sont soumises à la voie de l'opposition. Cass., 24 avril 1883 (*J. Av.*, t. 110, p. 28). Conf., Morin, t. 2, n°ˢ 778 et 779 ; Dalloz, n° 123. Voy. aussi Cass., 20 févr. 1823 (S., coll. nouv., 7. 1. 196).

385. Une condamnation disciplinaire contre un avoué doit être considérée comme ayant les caractères d'une décision par défaut et comme étant dès lors susceptible d'opposition, bien que l'inculpé ait produit un mémoire en réponse à la citation qui lui a été donnée, si ce mémoire ne renferme aucune explication sur les faits reprochés. Cass., 24 avril 1883, précité.

386. Les délibérations par lesquelles les chambres de discipline émettent leur opinion relativement à l'opportunité de la suspension d'un officier ministériel, n'étant pas de véritables décisions, mais ne faisant que préparer, sous forme d'avis préalable, la décision qui doit prononcer ou refuser l'application de cette peine, ne peuvent être frappées d'opposition par les inculpés. Morin, t. 2, n° 781 ; Dalloz, n° 125.

387. Quant aux décisions disciplinaires rendues par les Cours et tribunaux, elles sont susceptibles d'opposition, suivant la règle générale (Dalloz, v° *Discipl. judic.*, n°ˢ 123 et 278). — Mais si l'officier ministériel inculpé, étant présent au moment où l'application de peines disciplinaires est requise contre lui, ne demande pas à s'expliquer sur les faits qui lui sont imputés et garde le silence à l'égard des réquisitions dont il est l'objet, la

décision qui intervient doit être réputée contradictoire. Morin, n° 780 ; Dalloz, n° 124.

388. Bien plus, la décision devrait être réputée contradictoire et non sujette à opposition, d'après un arrêt de la Cour d'Angers du 5 janv. 1838 (Dalloz, v° *Discipl. judic.*, n° 124), par cela seul que l'inculpé a été sommé de comparaître pour se défendre au fond, et bien qu'il n'ait pas comparu, si d'ailleurs il s'était présenté aux audiences précédentes pour développer en personne des exceptions préjudicielles.

389. Le droit de déférer à la Cour de cassation, pour incompétence ou excès de pouvoirs, les décisions disciplinaires prononcées en audience publique et dans la forme des jugements contre les officiers ministériels pour des fautes qui n'ont été ni commises ni découvertes à l'audience, n'appartient qu'au ministère public institué près les juridictions desquelles émanent ces décisions. Ainsi, le procureur général près une Cour d'appel n'a pas qualité pour se pourvoir en cassation contre une décision disciplinaire rendue par un tribunal du ressort de cette Cour. Cass., 15 janv. 1883 (S. 84. 1. 159).

390. Les avoués de première instance qu'une Cour d'appel, à laquelle le ministre de la justice les a déférés à la suite d'une plainte qui lui avait été portée contre eux, a frappés de peines disciplinaires, ne sont pas recevables à se pourvoir devant la Cour de cassation en règlement de juges, parce que, en cette matière, les décisions des tribunaux ne sont soumises qu'à la révision du ministre. Cass., 29 juill. 1823 (Dalloz, v° *Discipl. judic.*, n° 64).

DEUXIÈME PARTIE

RESPONSABILITÉ ET DISCIPLINE DES HUISSIERS

CHAPITRE Ier

Responsabilité des Huissiers.

§ 1. — RESPONSABILITÉ DÉRIVANT DU DROIT COMMUN.

I. *Origine du mandat de l'huissier. — Etendue de ce mandat et des obligations qui en découlent.*

391. Pas plus que le mandat de l'avoué, celui qui est conféré à l'huissier pour procéder aux actes rentrant dans ses attributions, n'a besoin d'être expressément stipulé. L'art. 556, Cod. proc. civ., en disposant que la remise de l'acte ou du jugement à l'huissier vaut pouvoir pour toutes exécutions autres que la saisie immobilière, pour laquelle il faut un pouvoir spécial, et l'art. 352 du même Code, en n'exigeant un pouvoir spécial que pour les offres, aveux ou consentements, montrent clairement que, en dehors des cas exceptionnels qu'ils prévoient, le mandat de l'huissier n'est assujetti à aucune condition particulière de constatation, et qu'il peut résulter

de la simple remise des pièces ou documents permettant à cet officier ministériel d'accomplir tels ou tels actes de son ministère.

392. Bien que l'art. 556, Cod. proc., paraisse restreindre aux actes d'exécution autres que la saisie immobilière le mandat résultant pour l'huissier de la remise du titre, il est admis que ce mandat s'étend à tous les actes du ministère de l'huissier qui ont une corrélation quelconque avec le titre remis. Voy. Dalloz, v° *Huissier*, n° 35.

393. Et il a été jugé, conformément à cette interprétation, que l'huissier, porteur de pièces qu'il tient, soit de la partie, soit de l'avoué de cette dernière, est investi par là même d'un pouvoir suffisant pour instrumenter dans tous les cas autres que celui prévu par l'art. 556, Cod. proc. Paris, 4 févr. 1808 ; Bruxelles, 21 juin 1814 ; Bordeaux, 20 déc. 1830 ; Trib. civ. de Constantine, 16 juill. 1879 (*J. H.*, t. 60, p. 233) ; mon *Form. annot.*, t. 1ᵉʳ, p. 265, n° 13.

394. Cependant il ne suffit pas qu'un huissier se trouve porteur de la grosse d'un jugement susceptible d'appel, pour qu'il puisse se croire autorisé à signifier, sans mandat spécial, à la partie adverse un commandement tendant à l'exécution de ce jugement ; et si, par ce fait, il a rendu non recevable l'appel de son client, il doit être déclaré responsable du préjudice qu'il a causé à celui-ci. Trib. civ. de la Seine, 4 août 1859 (*J. H.*, t. 40, p. 268).

395. L'huissier, porteur d'un titre de créance, étant constitué par là le mandataire légitime du créancier, reçoit valablement le paiement de cette créance, qui est l'exécution la plus prompte et la plus complète du titre. Cass., 3 août 1840 (*J. H.*, t. 21, p. 385 ; S. 40. 1. 924).

396. Mais si la remise faite à l'huissier de l'acte ou du

jugement constatant une créance, emporte pouvoir de toucher le montant de cette créance au moment où l'officier ministériel instrumente, vaut-elle même mandat de recevoir après qu'il a instrumenté, et tant que le titre est entre ses mains ? L'affirmative, qu'enseignent de graves auteurs (Duranton, t. 22, n° 49 ; Larombière, *Obligat.*, sur l'art. 1239, n° 5), a été aussi admise par un jugement du tribunal civil d'Arlon, du 23 déc. 1869 (*J. H.*, t. 52, p. 116). — *Contrà*, Bruxelles, 26 fév. 1817 ; Colmar, 25 janv. 1820 (Dalloz, v° *Huissier*, n° 37).

397. Lorsque c'est de l'avoué de la partie, et non de la partie elle-même, que l'huissier a reçu le titre de celle-ci, le versement qu'il fait à cette partie, sans le consentement de l'avoué, des sommes qu'il a touchées, ne le dégage pas vis-à-vis de ce dernier, envers lequel il reste tenu à la restitution du titre, alors même que le client aurait ratifié ce qu'il a fait. Aix, 13 fév. 1833 (*J. H.*, t. 14, p. 246).

398. Les huissiers sont tenus de prêter leur ministère toutes les fois qu'ils en sont requis, et sans acception de personnes, sous peine de destitution et de dommages-intérêts (Décr. 18 juin 1811, art. 85 ; Décr., 14 juin 1813, art. 42). Et leur ministère est forcé à ce point, qu'ils ne peuvent le refuser même par le motif que l'acte qu'ils sont requis de faire serait irrégulier et nul. Montpellier, 24 juin 1826 (*J. H.*, t. 8, p. 75).

399. Toutefois, cette règle trouve une limite nécessaire dans le respect dû aux lois et aux bonnes mœurs. Ainsi, un huissier ne peut être obligé, et doit, au contraire, s'abstenir de signifier, soit une protestation contre une loi en vigueur (arrêté du 29 niv. an XI) ; soit l'acte d'appel d'un jugement qui est manifestement en dernier ressort, parce que c'est là, suivant les expressions d'un arrêt de

la Cour de Colmar, du 24 déc. 1807 (Dalloz, v° *Huissier*, n° 80), un acte « attentatoire à l'autorité du tribunal » duquel émane ce jugement; soit une sommation irrévérencieuse pour un juge. Trib. civ. de Draguignan, 13 août 1840 (Dalloz, v° *Discipline*, n° 261); et, à plus forte raison, un exploit relatif à une convention dont la cause serait immorale.

400. L'huissier qui, sans motif valable, refuse d'instrumenter à la requête d'un particulier, et qui, après injonction à lui faite par le président du tribunal ou par le juge de paix, persiste dans son refus, est passible de destitution et de dommages-intérêts. Pigeau, *Comment. proc. civ.*, t. 1ᵉʳ, p. 190; Carré et Chauveau, quest. 344; *J. H.*, t. 10, p. 114; *S. alph. L. proc. civ.*, v° *Citation en just. de paix*, n° 33.

401. Les huissiers sont soumis à l'obligation de garantir l'individualité des personnes pour lesquelles ils instrumentent, et ils sont exposés à voir leur responsabilité compromise, si cette individualité ne peut être constatée. Dalloz, v° *Responsabilité*, n° 474.

402. Sans s'expliquer directement sur ce principe, un jugement du tribunal civil de Lyon du 30 janv. 1845 (*J. H.*, t. 26, p. 11) a décidé que l'huissier qui, en recevant le montant d'un billet à ordre qu'il était chargé de recouvrer, en a lui-même donné quittance, sur la demande de celui qui a fait le paiement, est responsable envers ce dernier de la somme par lui reçue, si le billet vient à être reconnu faux, et si l'huissier ne peut faire connaître le porteur pour le compte duquel il a agi.

403. Les questions de responsabilité que fait naître l'obligation imposée à l'huissier de remplir fidèlement le mandat dont il a été chargé sont des plus délicates. Nulle règle générale n'a été posée à cet égard ni par la

loi, ni même par la jurisprudence ou par la doctrine, qui n'offrent presque toujours que des solutions d'espèces déterminées par l'appréciation des circonstances. On peut cependant regarder comme un principe certain, dont l'application ne doit être écartée qu'en présence d'une dérogation expresse ou tacite, que les obligations et la responsabilité de l'huissier vis-à-vis de ses clients ne s'étendent point au delà de l'objet précis du mandat que ceux-ci lui ont donné. — On trouvera plus loin des applications de cette règle importante.

404. J'ai déjà rappelé dans la 1re partie, n°s 17 et suiv., que les officiers ministériels ne sont pas responsables de l'insuccès des procédures qu'ils ont conseillées de bonne foi. Un jugement du tribunal civil de Nevers du 16 fév. 1876 (*J. H.*, t. 57, p. 131) a fait une sage application de ce principe, en décidant qu'un huissier n'a pu engager sa responsabilité par le conseil qu'il a donné à des parties de consentir une transaction qui n'est devenue préjudiciable pour elles que par suite de circonstances auxquelles il a été étranger.

405. Bien qu'un huissier ait omis d'exercer contre un débiteur les poursuites dont il avait été chargé, il peut dégager sa responsabilité en prouvant l'insolvabilité de ce débiteur. Nancy, 29 janv. 1831 (*J. H.*, t. 12, p. 177); Dalloz, v° *Huissier*, n° 104.

406. De nombreux monuments de jurisprudence ont consacré ou confirmé le principe que les huissiers répondent des nullités qu'ils commettent dans les exploits ou autres actes de leur ministère. Voy. les arrêts mentionnés dans *l'Encycl. des huiss.*, v° *Responsab. des huiss.*, n°s 31 et suiv., ainsi que les notions présentées plus loin, § 2, sous la rubrique *Actes nuls ou frustratoires*.

407. Par application de ce principe, il a été jugé spécia-

lement : que l'omission, dans la copie d'un procès-verbal de saisie-revendication, de la mention du domicile du saisi, engage la responsabilité de l'huissier vis-à-vis du saisissant, auquel on oppose la nullité de la saisie. Poitiers, 21 mai 1834 (*J. H.*, t. 17, p. 286) ; — que lorsque, dans une saisie-exécution, l'huissier a compris des objets insaisissables, c'est cet officier ministériel qui est responsable du préjudice causé au débiteur, et non le saisissant, qui est présumé ne lui avoir donné mandat que dans la mesure de ce que permet la loi. Paris, 22 avril 1838 (*Id.*, t. 19, p. 263) ; — que si, ayant été chargé de protester un effet de commerce faute de paiement, un huissier s'est borné à dresser un acte de perquisition, il est garant envers le porteur des suites du défaut de protêt. Nancy, 29 janv. 1831 (*J. H.*, t. 12, p. 177) ; — que dans le cas où un exploit de notification de surenchère contient une énonciation mensongère à raison de laquelle une inscription de faux a été formée contre cet exploit, l'huissier qui a conclu, avec le surenchérisseur, à ce que l'inscription de faux fût déclarée non recevable, est tenu tout à la fois des suites de la nullité de la notification et des frais de l'incident. Bordeaux, 31 mars 1841 (Dalloz, v° *Surenchère*, n°ˢ 222, 1°).

408. Quand un exploit se trouve nul par suite d'une erreur involontaire de l'huissier, auquel aucune négligence n'est habituellement imputable dans l'exercice de son ministère, l'action en responsabilité formée contre cet officier ministériel doit être déclarée mal fondée, si la partie à la requête de laquelle l'exploit a été signifié en a eu l'original entre les mains longtemps avant que la nullité fût irréparable, et si ni cette partie ni ses conseils ne se sont mis en mesure de la réparer. Poitiers, 24 août 1834 (*J. H.*, t. 16, p. 172).

409. Les indications erronées qu'une partie a données à l'huissier pour une formalité dont elle l'a chargé, ne sauraient engager la responsabilité de cet officier ministériel. Ainsi, l'huissier qui a signifié un protêt au domicile que lui a indiqué le porteur n'est pas responsable de la nullité de cet acte, résultant de ce qu'une erreur a été commise sur ce domicile. Toulouse, 8 mai 1830 (*J. H.*, t. 12, p. 168).

410. Cette règle, aussi équitable que juridique, a été consacrée par beaucoup d'autres décisions. Voy. notamment Cass., 29 août 1832 (*Id.*, t. 14, p. 277 ; Caen, 6 mai 1852 (*Id.*, t. 33, p. 273).

411. Une condamnation à des dommages-intérêts ne peut être prononcée contre un huissier, à raison de la nullité qu'il a commise dans un exploit, qu'autant qu'il en résulte pour la partie un préjudice certain et clairement démontré ; un préjudice simplement éventuel ne saurait servir de base à cette condamnation. Colmar, 15 juin 1857 (*J. H.*, t. 38, p. 328). Voy. aussi Caen, 6 mai 1852 (*Id.*, t. 33, p. 273) ; Rouen, 14 janv. 1854 (*Id.*, t. 35, p. 305) ; Trib. civ. de la Seine, 4 août 1859 (*Id..* t. 40, p. 268).

412. L'action en responsabilité à laquelle un huissier est soumis à raison de la nullité qu'il commet dans les actes de son ministère, ne s'éteint point, évidemment, par son décès, mais peut être exercée aussi contre ses héritiers. Comp. Trib. civ. de Charleroi, 11 juin 1858 (*J. H.*, t. 40, p. 59).

413. Les huissiers répondent, non seulement du dommage qu'ils ont causé, dans l'exercice de leur ministère, soit par leur fait, soit par leur négligence ou par leur imprudence, conformément au principe général établi par les art. 1382 et 1383, Cod. civ., mais aussi, en vertu des art. 1991 et 1992, de celui qui résulte des fautes commises par eux dans l'exécution du mandat qu'ils ont reçu et accepté en dehors de leurs fonctions.

414. A quelle responsabilité l'huissier peut-il se trouver soumis, par suite de l'élection de domicile faite en son étude, relativement à la remise aux destinataires des exploits signifiés au domicile ainsi élu ?

Il est certainement tenu de faire parvenir aux parties les copies qu'il a reçues dans son étude par suite de cette élection de domicile (Voy. Cass., 9 mars 1837, S. 37. 1. 301 ; Paris, 15 juin 1850, S. 50. 2. 590 ; Nancy, 26 déc. 1853, S. 54. 2. 204 ; Demolombe, t. 2, n° 372-3° ; Aubry et Rau, t. 1er, p. 591 ; Dalloz, v° *Domicile élu*, n° 131). Mais il dégage suffisamment sa responsabilité en envoyant par la poste, sous pli chargé, au dernier domicile connu du destinataire, l'acte qu'il a ainsi reçu, et si le pli lui fait retour par suite d'un changement de résidence qu'il ignorait, sans que le domicile nouveau lui soit indiqué, il n'a pas d'autre devoir à remplir que de rester dépositaire de cet acte. — Compar., au surplus, les principes que j'ai exposés dans la 1re partie, n°s 77 et 78, et qui s'appliquent aux huissiers aussi bien qu'aux avoués.

415. Je dois toutefois faire, en outre, remarquer ici que, si l'élection de domicile en l'étude d'un huissier est faite par cet officier ministériel lui-même dans un acte de son ministère, elle le constitue mandataire de la partie à l'effet de recevoir les significations relatives à cet acte, et l'oblige plus étroitement à les lui faire parvenir. Cass., 9 mars 1837 (*J. H.*, t. 18, p. 270) et 14 mars 1854 (*Id.*, t. 35, p. 217).

416. Conformément à l'art. 1994, Cod. civ., l'huissier

répond des faits de celui de ses confrères qu'il s'est substitué dans l'accomplissement du mandat qui lui a été confié, soit qu'il n'ait pas reçu le pouvoir de faire cette substitution, soit que, ce pouvoir lui ayant été conféré sans désignation d'une personne, il ait fait choix d'un huissier notoirement incapable ou insolvable. En dehors de ces deux cas exceptionnels, il n'est point responsable du dommage causé par l'huissier substituant. Et il a été jugé, par exemple, que l'huissier qui, pour une saisie dont il a été chargé, s'est substitué, du consentement du créancier, un de ses confrères, n'est pas responsable des faits de prévarication, de négligence ou d'imprudence commis par celui-ci. Orléans, 14 nov. 1821 (*J. H.*, t. 3, p. 177).

417. L'huissier est, comme l'avoué, responsable du dommage causé par ses clercs dans les limites des fonctions auxquelles il les emploie ; ce n'est là que l'application de la règle établie par l'art. 1384, Cod. civ. Mais sa responsabilité ne s'étend pas aux faits accomplis par ses clercs, comme exerçant ses propres attributions ou remplissant ses devoirs personnels, parce qu'ils n'ont pas qualité pour le représenter à cet effet. Par exemple, un huissier n'est pas responsable du refus fait par son clerc de communiquer son répertoire et ses minutes aux préposés de l'enregistrement. Cass., 21 mars 1848 (*J. H.*, t. 29, p. 116).

418. Les huissiers sont responsables des pièces reçues, dans leur étude, par leurs clercs. Paris, 18 mars 1828 (*J. H.*, t. 9, p. 100). Dès lors, si un huissier se trouvait absent au moment où un exploit qui lui était envoyé pour être signifié, a été remis en son étude, et que ses clercs n'aient pas fait faire la signification par un autre huissier, il peut être passible de dommages-intérêts pour le préju-

dice causé à la partie par le défaut de signification. *Encycl. des huiss.*, v° *Responsab. des huiss.*, n°ˢ 97 et 98.

419. En principe, l'huissier, conformément aux règles ordinaires du mandat, ne peut être responsable que vis-à-vis de la partie qui l'a chargé d'instrumenter, et non vis-à-vis des tiers. Ainsi, le porteur d'un effet de commerce dont le protêt a été déclaré nul est seul recevable à actionner l'huissier en garantie des suites de cette nullité, et l'endosseur qui a remboursé sans s'être assuré de la validité du protêt, prétendrait vainement pouvoir lui-même exercer ce droit. Cass., 17 juill. 1837 (*J. H.*, t. 18, p. 267; S. 37. 1. 563); Rouen, 4 mai 1842 et 1ᵉʳ juin 1843 (Dalloz, v° *Responsabilité*, n° 485).

420. L'huissier contre lequel a été formée une action en dommages-intérêts basée sur la fausse imputation d'irrégularités graves dans l'exercice de son ministère, est parfaitement en droit d'intenter lui-même une demande semblable contre l'auteur de cette imputation. Trib. civ. de Bruxelles, 30 juill. 1884 (*J. H.*, t. 65, p. 231).

II. *Cas divers de responsabilité.*

421. **Appel.** — Un huissier peut être frappé d'amende et même de suspension pour avoir signifié un acte d'appel d'un jugement qui évidemment n'en était pas susceptible. Colmar, 24 déc. 1807 (S., coll. nouv., 2. 2. 317).

422. Lorsque l'avoué a remis ou envoyé en temps utile à un huissier un acte d'appel tout préparé, la responsabilité de la déchéance résultant de la tardiveté de cet appel incombe, non point à l'avoué, mais à l'huissier seul, puisque ce n'est qu'à celui-ci que le défaut de signi-

fication dans le délai légal peut être imputé. Douai, 17 mai 1854 (*J. H.*, t. 35, p. 320).

423. L'huissier qui a signifié un acte d'appel dans lequel il a omis d'indiquer la date de la signification, est incontestablement responsable envers l'appelant des conséquences de la nullité que cette omission a entraînée. Besançon, 15 mai 1866 (*J. H.*, t. 47, p. 237).

424. Bien qu'un huissier ait signifié un acte d'appel à un domicile élu, au lieu de le signifier au domicile réel, il n'encourt aucune responsabilité à raison de ce mode de procéder, s'il n'a fait que se conformer au mandat qu'il a reçu. Caen, 19 fév. 1850 (*J. H.*, t. 32, p. 165).

425. L'arrêt qui condamne un huissier à garantir l'appelant des conséquences d'un jugement dont il a été interjeté appel par un exploit déclaré nul, ne peut être critiqué comme ordonnant la réparation d'un dommage encore incertain ; cet arrêt ne préjuge rien à cet égard, mais laisse l'appréciation du dommage aux premiers juges, devant lesquels il renvoie les parties. Cass., 20 juill. 1830 (*J. H.*, t. 11, p. 317 ; S., coll. nouv., 9. 1. 560).

426. **Cession d'office.** — Celui qui a fait par lettre à un officier ministériel la promesse de lui acheter son office pour un prix déterminé, se rend incontestablement passible de dommages-intérêts envers le titulaire par son refus d'exécuter cette promesse, si ce dernier l'avait acceptée avant qu'elle n'ait été rétractée. Il est, en effet, de principe que la promesse unilatérale d'acheter est, comme la promesse unilatérale de vente, obligatoire pour celui qui l'a faite aussitôt que l'autre partie a manifesté son intention de se prévaloir de cette promesse ; qu'après cette acceptation elle ne peut être rétractée, et que le refus de l'accomplir entraîne une condamnation à des dommages-intérêts. Voy. Dalloz, v° *Vente*, n°ˢ 285 et suiv. et 369.

427. Le cessionnaire d'un office, au moment d'être investi de la charge, se ravise et présente à sa place au cédant un autre candidat, en offrant de rester garant du prix. Le cédant est-il en droit de refuser cette substitution de cessionnaire et de réclamer des dommages-intérêts à celui avec lequel il a traité et qui refuse de tenir son engagement? Oui, sans aucun doute. Pas plus que l'acheteur de tout autre bien, le cessionnaire d'un office ne saurait avoir la faculté de se substituer un tiers pour la réalisation de l'acquisition et d'imposer au vendeur un acheteur avec lequel il n'a pas entendu contracter. Il n'en serait autrement que si le cessionnaire s'était réservé dans le traité le droit d'élire command (Voy. Troplong, *Vente*, t. 1, n° 68 ; Dalloz, v° *Vente*, n° 218), et si cette clause avait été acceptée par la chancellerie. A défaut d'une semblable réserve, le cédant est fondé à exiger que la transmission de l'office ait lieu sur la tête de la personne qui a stipulé comme cessionnaire. La prétention de celle-ci de se substituer une autre personne équivaut au refus d'exécuter la convention, et la rend passible de dommages-intérêts (Cod. civ., 1142 et 1147). Toute la question, selon moi, se réduit à une appréciation du chiffre de ces dommages-intérêts, chiffre qui ne pourrait être que minime, si, à raison des circonstances, les juges reconnaissaient que la résistance du cédant à la substitution offerte par le cessionnaire ne repose pas sur un intérêt bien sérieux. Voy. mes observ. *J. H.*, t. 62, p. 288 et 289.

428. Le candidat à un office d'huissier vacant par suite de la destitution du titulaire, qui, après avoir obtenu de la chambre la délivrance du certificat de capacité et de moralité, et souscrit, sur l'invitation du parquet, l'engagement de payer à qui de droit l'indemnité à fixer, se

voit supplanté par un autre candidat survenu au dernier
moment, ne peut, quelque digne d'intérêt que soit sa position, rendre personne responsable du tort qu'il éprouve.
En principe rigoureux, la destitution d'un officier ministériel emporte l'anéantissement de son office. Si le
gouvernement peut néanmoins se réserver le droit de
nommer un successeur au titulaire destitué, c'est là pour
lui un droit discrétionnaire, qu'il exerce comme bon lui
semble. Dans l'usage, les différents candidats qui solici-
tent leur nomination en remplacement de l'officier ministériel destitué sont admis à se faire délivrer par la
chambre de discipline le certificat de capacité et de moralité, et invités par le parquet à souscrire l'engagement
de payer à qui de droit l'indemnité qui sera fixée ; puis,
après avoir reçu toutes les pièces de ces candidats, la
chancellerie arrête son choix sur celui qu'elle croit devoir
préférer. Il résulte de là que chaque aspirant fait à ses
risques et périls les démarches propres à amener sa nomination, et que le préjudice éprouvé par ceux qui sont
évincés ne saurait être pour eux la base d'une action en
dommages-intérêts.

429. Il est évident que ni la chambre de discipline, ni
le procureur de la République n'ont pu assumer aucune
responsabilité relativement à un fait dont l'accomplissement ne dépend point d'eux, mais uniquement du pouvoir
discrétionnaire du chef de l'Etat. Quant à l'aspirant que
le gouvernement a préféré, il n'a fait qu'user de son droit
en se mettant sur les rangs comme les autres, et le choix
dont il a été l'objet ne peut non plus constituer pour lui
une cause de responsabilité. Peu importerait que, pourvu
déjà d'un office de la même nature que celui du titulaire
destitué, il n'ait acquis celui-ci que pour en opérer l'extinction. Si le gouvernement juge cette extinction oppor-

tune, il lui appartient d'accepter une combinaison qui la fait rentrer dans l'application du principe que j'ai rappelé au numéro précédent. La solution ne saurait d'ailleurs être modifiée par cette circonstance, que l'officier ministériel qui achète ainsi l'office du titulaire destitué, en vue de l'éteindre, n'a fait connaître ses intentions qu'après les démarches faites par un autre candidat ; il n'y a dans un tel fait aucune manœuvre frauduleuse propre à le rendre passible de dommages-intérêts envers ce dernier.

430. Lorsqu'un officier ministériel se trouvait, au moment de la cession de son office, dans le cas d'être destitué, le gouvernement use d'un droit incontestable en prononçant la destitution, et en refusant de donner suite au traité, qui ne peut avoir d'autre but que d'éluder les conséquences de la peine encourue. Dans ce cas, le cédant cesse de pouvoir exiger du cessionnaire l'exécution des clauses de ce traité. Paris, 9 fév. 1839 ; Cass., 17 juin 1840 (S. 39. 2. 463 ; 41. 1. 912) ; Dalloz, v° *Office*, n° 151 ; Perriquet, *Tr. de la transmiss. des offic. minist.*, n° 248.

431. En cédant sa charge, un officier ministériel, et particulièrement un huissier, contracte nécessairement l'obligation de remettre au cessionnaire, dès son entrée en fonctions, tous les dossiers et répertoires de l'étude. Par conséquent, s'il retient des dossiers ou en retire des pièces essentielles, il est passible de dommages-intérêts envers le cessionnaire. Rouen, 26 janv. 1829 (*J. H.*, t. 11, p. 118) ; Orléans, 27 juin 1877 (*Id.*, t. 59, p. 81).

432. Une condamnation à des dommages-intérêts peut aussi être prononcée contre le cédant, si, au lieu de mettre son successeur en rapport avec la clientèle de l'étude, il a continué d'entretenir des relations avec ses anciens clients, en laissant même ignorer à certains d'entre eux la cession de sa charge, et a été jusqu'à user

de son influence sur quelques-uns pour les déterminer à confier leurs intérêts à un autre officier ministériel. Même arrêt d'Orléans.

433. Une indemnité est également due au cessionnaire par le cédant, lorsque celui-ci a exagéré le nombre d'actes sur lequel a été calculé le prix de cession de l'office, ou que ce nombre n'a été obtenu que par une accumulation abusive d'actes; ou encore lorsque les procédés indélicats dont le cédant avait usé envers ses clients et à raison desquels il a été poursuivi correctionnellement depuis la cession, ont jeté sur l'office un discrédit qui a eu pour résultat d'en diminuer les produits. Même arrêt.

434. Il n'est pas moins interdit à celui qui a cédé son office d'en attirer la clientèle dans une autre étude que de la détourner à son profit personnel. Montpellier, 11 nov. 1856 (*J. H.*, t. 39, p. 92). Ainsi, l'huissier qui, après avoir cédé son office, est entré comme clerc dans une étude de notaire de la même commune, peut être condamné à des dommages-intérêts envers le cessionnaire, pour avoir procuré à cette étude des affaires dont ses rapports avec ses anciens clients lui ont permis de disposer. La différence de nature des deux offices importe peu; il suffit que les deux études puissent se charger du même genre d'affaires, de ventes mobilières, par exemple, pour que les relations qu'il a conservées ou qu'il a renouées puissent être les éléments d'une concurrence déloyale et préjudiciable de sa part.

435. Lorsque l'huissier vient à céder son office, en transmettant à son successeur les dossiers de l'étude, ainsi qu'il y est obligé, il lui transmet aussi nécessairement la continuation du mandat dont il se trouvait investi dans chaque affaire; et la responsabilité qu'il peut avoir commencé à encourir passe sur la tête du nou-

veau titulaire lui-même, si celui-ci néglige, de son côté, de remplir les formalités dont ce mandat exigeait l'accom-plissement. Mais, en succédant aux obligations de son cédant, le cessionnaire ne reste toujours engagé que dans les limites que je viens d'indiquer, et sa responsabilité doit même, en général, être appréciée avec plus d'indulgence, à raison de l'absence de relations directes entre les clients et lui, comme cela arrive dans la plupart des cas. — Compar. ci-après.

436. Concurrence déloyale. — Le titulaire d'un office qui en fait la cession étant incontestablement tenu d'en transmettre la clientèle au cessionnaire, et de s'abstenir de tout ce qui pourrait avoir pour effet de la lui enlever, on ne doit pas hésiter à refuser au cédant le droit d'acquérir un autre office dans la même localité, surtout à une époque rapprochée de la date de la cession. Voy. Durand, *Offices*, n° 289 ; Perriquet, *Offices ministériels*, n° 375. Toutefois, ce n'est pas là une règle absolue. Ainsi, on ne pourrait voir un fait de concurrence rendant le cédant d'un office d'huissier passible de dommages-intérêts envers le cessionnaire, dans l'acquisition qu'il ferait d'un autre office de même nature, dans la même ville, si l'importance de la population de cette ville, l'éloignement des quartiers dans lesquels seraient établies les deux études, l'intervalle de temps écoulé entre la cession et l'acquisition nouvelle, ne permettaient pas raisonnablement de supposer que la clientèle de l'office cédé dût retourner (en dehors, bien entendu, de toutes manœuvres déloyales) à l'office nouvellement acquis. Et il en serait de même de l'achat que le cédant d'un office d'huissier de canton ferait, quelque temps après, d'un office semblable dans un autre canton du même arrondissement, pourvu encore que la différence des époques et des lieux se trouvât assez marquée pour qu'un détournement de clientèle ne fût pas à craindre.

437. Un huissier peut établir son étude dans une maison voisine de celle qu'habite un autre huissier, et même dans une maison dont un autre huissier occupe une partie, sans qu'il soit permis de voir dans ce seul fait une concurrence déloyale qui le rende passible de dommages-intérêts de la part du confrère dans le voisinage duquel il est venu s'installer ; il n'y aurait un juste sujet de réclamation de la part de celui-ci, que s'il était prouvé que l'huissier nouvellement logé dans la même maison, ou dans une maison voisine, abuse de ce voisinage pour détourner, à son profit, par des manœuvres blâmables, la clientèle de son confrère.

La possibilité de la confusion de l'une des études avec l'autre, de la part des clients, est sans doute fâcheuse ; mais elle ne suffit point pour motiver un reproche contre le nouvel arrivant, s'il n'a rien fait pour provoquer cette confusion. Ce serait porter atteinte au principe de la liberté de l'industrie, qui s'applique à toutes les professions d'une manière générale, que d'interdire à un officier ministériel d'établir son étude dans telle maison qu'il lui plaît, sous prétexte qu'un de ses confrères habite un local voisin. Dans cette voie où s'arrêterait-on ? Quelle distance faudrait-il mettre entre deux études pour que l'une ne fût pas réputée faire concurrence à l'autre ?

438. Il n'est point douteux que l'huissier qui, à jour fixe, quitte le lieu de sa résidence pour s'installer dans une autre commune, où il établit une sorte de succursale et se crée par là une clientèle qui ne serait point venue à lui sans ce déplacement, ne se rende passible d'une

action en dommages-intérêts de la part de ceux de ses confrères auxquels cette concurrence porte préjudice. Limoges, 23 janv. 1844 (*J. H.*, t. 25, p. 283); Trib. civ. de la Seine, 3 août 1849 (*Id.*, t. 30, p. 215) ; Bioche, *Dict. de proc.*, v° *Huissier*, n° 232 ; Dalloz, *eod. verb.*, n° 96.

439. Mais toute espèce de déplacement de la part de l'huissier n'entraîne pas cette conséquence. Il faut tenir compte, en effet, de l'obligation où il peut se trouver de quitter le lieu de sa résidence pour se rendre, les jours de marché, par exemple, dans une autre commune, afin de se mettre en rapport avec ses clients, qu'il doit y rencontrer; et l'on ne saurait lui faire un reproche de ce qu'il profite de son séjour périodique, mais d'une courte durée, dans cette commune pour y instrumenter ou pour y recevoir des renseignements, des instructions ou des ordres, si d'ailleurs il ne se livre à aucun agissement qui ait pour but de détourner la clientèle de ses confrères de cette même commune ou des résidences voisines. Voy. aussi, en ce sens, Bioche, *loc. cit.*

440. L'huissier qui instrumente en dehors de son arrondissement peut, sans aucun doute, être condamné à des dommages-intérêts envers les huissiers dans le lieu de la résidence desquels il a illégalement exploité.

441. Et celui qui prête sa signature à un de ses confrères d'un autre arrondissement pour permettre à ce dernier de faire, hors de cet arrondissement et dans le lieu de sa propre résidence, des actes dont il partage avec lui les honoraires, participe évidemment à sa responsabilité.

442. **Effets de commerce.** — La loi du 17 juillet 1880, qui a autorisé le recouvrement par la poste des effets de commerce, valeurs, etc., soumis au protêt, a ajouté au ministère des huissiers des difficultés nouvelles

en disposant que l'huissier auquel l'administration des postes aura remis des effets à protester ne pourra exercer aucun recours, pour ses frais, contre cette administration (art. 2), et que celle-ci n'assume aucune responsabilité au cas où la présentation à domicile ou la remise de l'effet à l'officier ministériel n'auraient pas eu lieu en temps utile (art. 3).

443. A la vérité, en ce qui concerne l'encaissement des effets de commerce autrement que par la présentation au débiteur le lendemain du jour de l'échéance, la chancellerie et les parquets ont usé envers les huissiers, jusqu'en 1882, d'une tolérance qu'une circulaire du ministre de la justice avait annoncé devoir prendre fin le 1er juillet de cette même année, mais qu'une autre circulaire du 20 juin 1882 (*J. H.*, t. 63, p. 215) a prorogée pour l'encaissement dans les localités autres que les villes chefs-lieux de département et d'arrondissement ou qui sont le siège d'un tribunal de commerce.

444. Mais les huissiers ne sauraient se couvrir de cette tolérance pour échapper à la responsabilité qui pèse sur eux, parce que si elle enchaîne l'action disciplinaire, il ne s'ensuit point qu'elle doive mettre obstacle à l'action civile en dommages-intérêts, qui est complètement distincte et indépendante de la première. Lyon, 22 févr. 1877 (*J. H.*, t. 58, p. 114); Cass., 12 févr. 1878 (*Id.*, t. 60, p. 212; S. 78. 1. 153); Trib. de Versailles, 30 mai 1879 (*J. H.*, t. 60, p. 212).

445. Deux huissiers qui confondent leurs offices dans une exploitation commune ; qui, pour éluder les prescriptions leur interdisant de faire l'encaissement des effets de commerce autrement que par la présentation le lendemain du jour de l'échéance, s'associent un tiers chargé de ces encaissements, sous la réserve des protêts

à leur profit, et qui font notifier les protêts aussi par des tiers, commettent une faute qui les rend passibles de dommages-intérêts envers les autres huissiers appartenant à la même communauté. Lyon, 22 fév. 1877, et Cass., 12 févr. 1878, précités.

446. Il y a même faute, entraînant même responsabilité, de la part de l'huissier qui, d'un côté, se livre à la pratique de l'encaissement des effets de commerce en dehors de la présentation le lendemain du jour de l'échéance ; d'un autre côté, adjoint à son étude une maison de banque qu'il exploite sous le nom d'un tiers ; et, en troisième lieu, fait présenter les effets le lendemain du jour de l'échéance et dresser les protêts par des tiers. Trib. civ. de Versailles, 30 mai 1879, aussi précité.

447. L'huissier actionné en dommages-intérêts par d'autres membres de la communauté, comme s'étant livré à la pratique de l'encaissement des effets de commerce, ne peut faire déclarer cette action mal fondée par le motif que les demandeurs auraient eux-mêmes pratiqué des agissements semblables, de telle sorte qu'il se serait opéré une compensation entre le préjudice causé par lui et le dommage par lui souffert ; s'il est reconnu, d'une part, que certains des demandeurs ne se sont pas adonnés à l'encaissement des effets, et, de l'autre, que les encaissements pratiqués par quelques-uns d'entre eux ne représentent qu'une partie secondaire et accessoire de leurs travaux ; tandis que, chez le défendeur, la maison d'encaissement a pris une importance égale à celle de l'office. Même jugement du trib. de Versailles.

448. L'huissier qui, faute d'avoir dressé en temps utile le protêt, pour défaut de paiement, d'un effet à ordre qui lui avait été remis la veille du jour de l'échéance, a fait perdre au porteur son recours contre les

endosseurs, ne peut échapper à l'action en responsabilité, qu'en prouvant que les endosseurs étaient insolvables au moment où le protêt aurait dû être fait. Paris, 11 mai 1861 (*J. H.*, t. 42, p. 180).

449. Un huissier à qui a été donné le mandat de protester un effet de commerce sur lequel la mention *sans frais* avait été inscrite dans le principe, mais a été ensuite effacée par le porteur, peut-il, sans engager sa responsabilité, s'abstenir de dresser le protêt, pour se conformer aux instructions du parquet invitant les huissiers à ne protester aucun effet revêtu de cette mention? Je ne le pense pas. D'un côté, le ministère public n'a pas qualité pour faire aux huissiers des injonctions ou des défenses relativement à la façon dont ils doivent procéder. N'ayant d'autre mission, en ce qui les concerne, que de rechercher et de poursuivre les fautes qu'ils viendraient à commettre, il peut sans doute leur donner préalablement des avertissements officieux; mais ces avertissements, qui ont pour objet de prévenir les poursuites, ne sont point pour eux des ordres, et ils sont libres de n'en pas tenir compte, s'ils croient n'avoir pas dépassé les limites de leurs attributions, sauf à répondre, au besoin, devant la chambre de discipline ou devant l'assemblée générale du tribunal, leurs seuls juges, des faits dont les magistrats du parquet les auraient invités à s'abstenir. Par conséquent, l'invitation adressée par le procureur de la République aux huissiers de son arrondissement de se refuser à protester des effets portant la mention *sans frais*, n'est qu'un avis que ces huissiers ont le droit de ne pas suivre, s'il leur paraît incompatible avec l'ordre qu'ils ont reçu de leurs clients.

450. D'un autre côté, même en considérant cet avis comme obligatoire, l'huissier chargé de protester des

effets de la catégorie de ceux qu'il vise devrait le suivre tel qu'il lui a été donné, sans en exagérer la portée, sous prétexte d'obéir à la pensée qui l'a dicté. Or, la recommandation de s'abstenir de protester des effets portant la mention *sans frais* ne s'applique point, d'après ses termes, aux effets sur lesquels cette mention, d'abord inscrite, a été ensuite biffée et sur lesquels par conséquent elle n'existe plus.

Il faut dès lors admettre que le porteur est fondé à rendre l'huissier responsable des conséquences du défaut de protêt ; que l'officier ministériel ne peut, pour échapper à cette responsabilité, se retrancher derrière l'avis que lui a donné le parquet ; qu'il n'a aucun recours à exercer contre le magistrat de qui il émane, et que cet avis n'est susceptible d'être attaqué par aucune voie, n'ayant nullement le caractère d'une décision.

451. Si l'huissier chargé d'obtenir l'acceptation de lettres de change, ou de les protester faute d'acceptation, néglige d'exécuter ce mandat, en donnant au porteur l'assurance de la parfaite solvabilité du tiré et la certitude de l'acceptation et du paiement des traites, il est passible de dommages-intérêts envers le porteur, lorsque, dans l'intervalle, d'autres traites fournies sur le même tiré ont été acceptées et le tireur déclaré en faillite, surtout quand il résulte des circonstances de la cause que l'acceptation aurait eu lieu, si elle n'avait pas été tardive. Cass., 9 janv. 1867 (*J. H.*, t. 48, p. 129).

452. Il résulte d'un arrêt de la Cour de Rouen, du 24 nov. 1837 (*J. H.*, t. 20, p. 17 ; S. 39. 2. 332), que l'huissier auquel un banquier avait donné le mandat gratuit de recouvrer des effets de commerce et qui, au fur et à mesure des recouvrements, était dans l'usage de remettre les fonds à ce banquier de la main à la main, ne peut,

plus tard, être tenu, comme un mandataire ordinaire, de rendre compte des sommes recouvrées ; et que c'est au banquier qui prétend n'avoir point reçu l'intégralité de ces sommes à prouver que l'huissier ne lui a pas tout remis. Les particularités que relève cette décision ne me paraissent point permettre d'en tirer, comme l'ont fait des arrêtistes, cette doctrine générale, dépourvue d'ailleurs de base sérieuse, que l'huissier chargé par un commerçant du recouvrement d'effets de commerce n'est pas un mandataire ordinaire, soumis à l'obligation de rendre compte de sa gestion, et de prouver qu'il a remis au mandant toutes les sommes encaissées. Compar. Dalloz, v*is* *Huissier*, n° 38, et *Mandat*, n° 264.

453. **Effets publics**. — L'huissier qui a commis, dans l'opposition à la vente de titres escroqués qu'il a été chargé de signifier au syndicat des agents de change, une irrégularité qu'il n'a pas immédiatement réparée et à raison de laquelle le syndicat a refusé cette opposition, est nécessairement responsable du préjudice qui est résulté pour l'opposant de la tardiveté de la signification régularisée. Trib. civ. de la Seine, 22 juin 1883 (*J. H.*, t. 65, p. 155).

454. **Exécution de jugement par défaut**. — Les huissiers sont, sans nul doute, responsables du préjudice résultant de la péremption, faute d'exécution dans les six mois, des jugements par défaut auxquels ils sont chargés de faire acquérir un caractère définitif par l'accomplissement des formalités légales. Compar. Bastia, 10 nov. 1857 (*J. H.*, t. 39, p. 339).

455. Ainsi, l'huissier qui, chargé de ramener à exécution un jugement par défaut, a négligé, après avoir obtenu l'acquiescement du débiteur, de le faire enregistrer avant l'expiration du délai de la péremption, a été

déclaré à bon droit responsable du dommage éprouvé par le créancier. Bordeaux, 20 fév. 1854 (Journ. de cette Cour, 1854, n° 169). Voy. aussi *infrà*, n°ˢ 473 et 474.

456. Un huissier qui, ayant laissé périmer, faute d'exécution dans les six mois, un jugement par défaut rendu au profit d'une partie admise au bénéfice de l'assistance judiciaire, avait, pour échapper à l'action en responsabilité dont le menaçait l'administration de l'enregistrement, acquitté, de ses deniers, le montant de l'exécutoire délivré par le greffier du tribunal, s'était ensuite pourvu auprès du ministre des finances pour obtenir à titre gracieux la restitution de la somme ainsi payée. Sa demande a été rejetée par une décision du 20 nov. 1884, fondée sur ce que le paiement effectué par l'huissier n'était que la réparation du préjudice causé par lui au Trésor.

457. **Faillite. — Représentation des créanciers.** — Comme il est généralement admis, et avec pleine raison, à mon sens, que les huissiers peuvent accepter le mandat de représenter des créanciers pour la vérification et l'affirmation de leurs créances dans une faillite, en dehors de toute contestation devant le tribunal de commerce (Voy. notamment mon *Dictionn. du contentieux commerc.*, v° *Faillite*, n° 735), je crois devoir signaler ici une décision qui détermine très exactement les limites de la responsabilité qu'entraîne l'inexécution d'un semblable mandat. Cette décision, émanée du tribunal civil de la Seine, à la date du 15 mai 1884 (*J. H.*, t. 65, p. 316), pose en principe que le mandant ne doit pas rester absolument étranger à l'exécution du mandat; qu'au contraire, il est tenu, notamment, de communiquer au mandataire tous les actes, significations et mises en demeure qu'il reçoit personnellement et d'où peuvent ré-

sulter des déchéances et des responsabilités relativement à l'affaire, objet du mandat. Puis, appliquant ce principe au cas dont je m'occupe, le jugement du tribunal de la Seine déclare que celui auquel a été donné le mandat de représenter un créancier dans une faillite ne saurait être rendu responsable des conséquences du défaut d'affirmation d'une créance du mandant, si ce dernier, ayant été personnellement convoqué pour cette affirmation, n'a pas communiqué la convocation au mandataire, surtout lorsqu'il avait été informé par celui-ci que le syndic lui enverrait une lettre de convocation pour l'affirmation de sa créance.

Il est certain, en effet, que le mandant est tenu de procurer au mandataire les moyens qui dépendent de lui pour assurer l'exécution du mandat, et que, s'il néglige de les lui fournir, il ne peut lui imputer le défaut d'exécution. C'est là une règle d'équité qui a été de tout temps admise. Voy. L. 45, D., *Mandati*; L. 12, § 12, D., *Mandati*; Casaregis, Disc. 48, n° 44; MM. Delamarre et Lepoitevin, *Contr. de commiss.*, t. 2, n°ˢ 80 et s.; Troplong, *Mandat*, n° 379; Dalloz, v° *Mandat*, n° 195. — Compar. Bordeaux, 10 fév. 1846 (D. p. 46. 5. 70); Cass. 19 déc. 1853 (S. 54. 1. 701).

458. Justice de paix. — Huissiers non audienciers. — Huissier commis. — Au temps où les huissiers audienciers des justices de paix avaient le droit exclusif d'instrumenter devant cette juridiction, une amende pouvait être prononcée, par application de l'art. 1030, § 2, Cod. proc. civ., contre les autres huissiers qui se permettaient de signifier des actes ressortissant à la justice de paix. Mais rien de semblable ne peut avoir lieu, évidemment, depuis que le privilège des huissiers audienciers a disparu (L. 25 mai 1838, art. 16). Il ne peut plus aujourd'hui être prononcé d'amende contre l'huissier non audiencier qui donnerait une citation devant le juge de paix, statuant soit comme juge civil, soit comme tribunal de simple police. Cass., 16 janv. 1844 (*J. H.*, t. 25, p. 96 ; S. 44. 1. 354).

459. La commission, dans un jugement de justice de paix, d'un huissier pour la signification de ce jugement, étant parfaitement légale, un huissier autre que celui qui a été commis se rend passible de dommages-intérêts envers ce dernier en signifiant un tel jugement. Besançon, 2 août 1881 (*J. H.*, t. 62, p. 67).

460. **Ordre.** — La responsabilité de l'annulation d'un règlement d'ordre pèse sur l'huissier, lorsque c'est l'irrégularité de la sommation de produire, signifiée par lui aux créanciers inscrits, qui a déterminé cette annulation. Rennes, 8 déc. 1813 (*J. H.*, t. 10, p. 97).

461. **Purge d'hypothèques légales.** — Bien que l'huissier qui remplit les formalités de la purge des hypothèques légales n'agisse pas en sa qualité d'officier ministériel, mais comme mandataire ordinaire de l'acquéreur, il contreviendrait, suivant une solution de l'administration de l'enregistrement du 6 août 1872 (*J. H.*, t. 54, p. 287), aux dispositions des lois fiscales relatives au délai pour l'enregistrement des actes des huissiers et à l'inscription de ces actes au répertoire, s'il ne soumettait pas la copie collationnée du contrat d'acquisition à la formalité de l'enregistrement dans les quatre jours de sa date, et s'il ne portait pas au répertoire cette même copie.

462. **Rapports de l'huissier avec l'avoué.** — La responsabilité des conséquences de la nullité d'un exploit cesse de peser sur l'huissier, pour retomber, ou sur l'avoué, lorsque la nullité est imputable à celui-ci, comme si, par exemple, elle provient d'une fausse qualification

du requérant fournie par lui. Cass., 7 nov. 1849 (50. 1.204); ou sur la partie elle-même, dans le cas notamment où la nullité résulte de l'indication donnée par celle-ci du lieu de la résidence du défendeur, comme étant celui de son domicile. Douai, 30 avril 1851 (*J. H.*, t. 32, p. 432). — L'huissier est même fondé à se décharger sur la partie de la responsabilité de la nullité d'un exploit entaché d'une irrégularité qui provient de son fait, si l'acte était déjà nul par le fait de la partie elle-même. Orléans, 5 août 1851 (*J. H.*, t. 33, p. 75).

463. Mais faut-il admettre, avec un arrêt de la Cour de Toulouse du 7 août 1848 (*J. H.*, t. 29, p. 299), que l'huissier n'est pas responsable de la nullité de forme d'un exploit, lorsqu'il s'est borné à transcrire littéralement une minute que la partie lui a remise, après l'avoir fait rédiger par son conseil? Non sans doute. L'huissier est le maître de la rédaction de ses actes, et lorsqu'un projet d'exploit lui est présenté, il ne doit l'accepter qu'en le soumettant à un contrôle sérieux, afin de s'assurer s'il est en tout conforme aux prescriptions de la loi. Dalloz, v° *Huissier*, n° 98.

464. Ainsi qu'on l'a vu déjà dans la 1re partie, n° 120, la nullité d'un exploit peut engager la responsabilité de l'avoué, et non celle de l'huissier, lorsque ce dernier officier ministériel a reçu du premier l'acte tout préparé. — Ce principe a été encore proclamé par un arrêt de la Cour suprême déclarant que c'est la responsabilité de l'avoué, et non celle de l'huissier, qui se trouve engagée, dans le cas d'annulation d'un acte d'appel pour défaut de constitution d'avoué, si cet acte a été rédigé en original et copié dans l'étude de l'avoué, et simplement signifié par l'huissier, qui s'est borné à y ajouter ses nom et immatricule, et si d'ailleurs l'original est rentré chez l'avoué

assez tôt pour qu'il ait pu reconnaître et réparer le vice de l'exploit. Cass., 15 avril 1867 (*J. H.*, t. 49, p. 109 ; S. 68. 1. 82).

465. Il a décidé, en sens contraire, mais fort inexactement, selon moi, que l'huissier est responsable des nullités que contient un exploit signifié par lui, bien que cet exploit lui ait été remis tout rédigé par un avoué, et qu'il ne peut exercer aucun recours contre celui-ci, parce que « l'avoué rédacteur, dans cette circonstance, ne peut être assimilé qu'à un secrétaire, à un rédacteur complaisant, qui jamais ne peut et ne doit être exposé à une action à raison des vices de la rédaction ». Grenoble, 14 déc. 1832 (*J. H.*, t. 14, p. 266). Si l'huissier ne doit pas accepter aveuglément un projet d'acte que lui remet la partie, il est naturel que sa confiance dans les lumières de l'avoué qui le charge de la signification d'un acte tout préparé le dispense du contrôle exigé de lui dans le premier cas, et il est juste, dès lors, que la responsabilité des erreurs commises ne retombe pas sur lui, lorsque d'ailleurs elles ne portent pas sur des énonciations qui doivent absolument être son œuvre personnelle. Assimiler ici l'avoué à un secrétaire irresponsable, comme l'a fait la Cour de Grenoble, c'est, dans la réalité, renverser les rôles.

466. Je ne saurais, non plus, approuver un arrêt de la Cour d'Agen, du 20 nov. 1863 (*J. H.*, t. 46, p. 137 ; S. 65. 2. 66), d'après lequel la nullité de l'acte d'appel d'un jugement sur contredits d'ordre résultant de ce qu'il a été signifié au domicile de l'intimé, au lieu de l'être au domicile de l'avoué, n'engage point la nullité de l'avoué de première instance dans l'étude duquel la minute de l'acte a été rédigée gratuitement, bien que cette minute ait été remise par lui à la partie avec une note portant que la signification devait être faite au domicile de l'intimé,

parce que les actes d'appel ne sont pas du ministère des avoués, mais rentrent exclusivement dans les attributions des huissiers chargés de les signifier.

467. Bien loin qu'on puisse poser en principe absolu que la nullité des exploits, et notamment des actes d'appel préparés par les avoués n'est jamais de nature à compromettre la responsabilité de ces officiers ministériels, on doit admettre que cette responsabilité se trouve engagée toutes les fois que, l'acte étant régulier en la forme, la nullité n'en est prononcée qu'à raison d'erreurs ou d'omissions qui ne peuvent être imputées qu'à l'avoué lui-même et non à l'huissier. Ainsi, la nullité résultant de ce que la signification confiée à un huissier par un avoué, d'un acte d'appel préparé par celui-ci, a été faite avant le délai fixé par l'art. 449, Cod. proc., n'engage que la responsabilité de l'avoué, surtout, lorsqu'il n'a pas communiqué le jugement frappé d'appel à l'huissier, qui n'a pu, par conséquent, savoir si ce jugement était ou non exécutoire par provision. Aix, 17 juin 1828 (*J. H.*, t. 9. p. 360). — Ainsi, encore, c'est à l'avoué seul qu'est imputable le défaut de réserve d'appel, emportant acquiescement, dans un exploit de signification de jugement préparé par l'avoué et ne manquant d'aucune des conditions de forme qui sont dans le domaine de l'huissier. Bordeaux, 26 juill. 1852 (*J. H.*, t. 33, p. 292).

468. Il est surtout incontestable que l'huissier ne doit pas répondre des irrégularités que contiennent les copies signées par l'avoué et qu'il se borne lui-même à signifier. C'est ainsi qu'il a été jugé que l'amende à laquelle donne lieu le défaut d'enregistrement d'un acte sous seing privé, dont il est donné copie dans une requête signée par un avoué, doit être supportée par celui-ci, et non par l'huissier qui a signifié la requête. Cass., 8 août 1809 (*J. H.*, t. 5, p. 199).

469. Dans certains cas, la responsabilité peut être partagée entre l'huissier et l'avoué. Ainsi, lorsque la mainlevée d'une saisie a été donnée frauduleusement par l'huissier en exécution du mandat qu'il a reçu à cet égard de l'avoué du saisissant et par suite d'un concert avec cet avoué, les dommages-intérêts alloués au saisissant pour le préjudice que lui a causé cette fraude, doivent être mis par moitié à la charge de chacun des deux officiers ministériels. Besançon, 23 mars 1808 (*J. H.*, t. 10, p. 87).

470. Pour les significations que l'avoué confie, sans l'intermédiaire des parties, aux huissiers choisis par lui-même, il est admis que l'avoué est responsable des frais dus à ces derniers. Voy. *suprà*, n°ˢ 114 et suiv. Mais lorsque, au contraire, des affaires sont remises à l'avoué par un huissier, le premier ne peut être réputé suivre la foi du second et compter sur sa garantie ; il ne peut réclamer ses frais qu'aux parties elles-mêmes, et non à l'huissier ; à moins qu'il ne soit établi que celui-ci a touché directement le montant de ces frais, ou s'est engagé personnellement. Compar. Trib. civ. de la Seine, 12 et 19 fév. 1857 (*J. H.*, t. 38, p. 128).

471. Les huissiers ne peuvent refuser de signifier les copies de pièces que leur remettent les avoués, sous prétexte qu'elles contiennent un nombre de lignes supérieur à celui que la loi autorise ; ils n'ont que le droit d'exercer un recours contre les avoués, si la contravention existe et entraîne contre eux une condamnation à l'amende. Cass., 22 mai 1834 (*J. H.*, t. 16, p. 47 ; S. 34. 1. 305). Compar. *suprà*, n°ˢ 113 et suiv. — Voy. aussi *infrà*, n° 515.

472. Recouvrement de créance. — L'huissier qui a reçu d'une partie le mandat exprès de remplir des formalités ou de diriger des poursuites en vue du recouvrement d'une créance de cette partie, engage incontestablement sa responsabilité, si, par sa négligence à faire les actes nécessaires, il a rendu le recouvrement impossible. C'est ainsi que la Cour de cassation a jugé, comme je l'ai déjà rappelé plus haut, n° 451, que l'huissier qui, chargé d'obtenir l'acceptation de lettres de change ou de les protester en cas de refus, néglige d'exécuter ce mandat, en donnant au porteur l'assurance de la pafaite solvabilité du tiré et du paiement des traites, est responsable du préjudice que le porteur vient à éprouver par suite de l'acceptation d'autres traites fournies sur le même tiré et de la déclaration de la faillite du tireur.

473. Par cela seul, même, qu'un huissier a reçu d'un client qui l'emploie d'ordinaire pour ses recouvrements, les pièces nécessaires pour obtenir le paiement d'une créance, il se trouve soumis à l'obligation de remplir les formalités propres à assurer ce paiement ; et il se trouve dès lors en faute quand, après avoir pris un jugement par défaut contre le débiteur, il laisse périmer ce jugement faute d'exécution dans les six mois. En pareil cas, si la créance est devenue irrécouvrable, il doit être condamné à en payer le montant à son client à titre de dommages-intérêts, avec les intérêts de droit, indépendamment des frais du jugement périmé. Trib. civ. de Melun, 8 mai 1874 (*J. H.*, t. 55, p. 206). Voy. aussi Just. de paix de Carpentras, 21 août 1863 (*Id.*, t. 45, p. 138).

474. Toutefois, l'huissier peut n'être condamné, à titre de réparation, qu'aux frais du jugement périmé, si la solvabilité du débiteur condamné étant restée ce qu'elle était lors de la prononciation de ce jugement, une nouvelle condamnation peut encore être utilement obtenue contre lui. Même décision du juge de paix de Carpentras.

La réparation, en effet, doit toujours être mesurée sur l'importance du préjudice souffert.

475. Du reste, la responsabilité de l'officier ministériel ne naît qu'autant que c'est sa négligence qui a directement occasionné la perte de la créance dont le recouvrement lui avait été confié. Dans l'espèce de l'arrêt de la Cour de cassation mentionné ci-dessus, l'huissier chargé d'obtenir l'acceptation des traites avait différé de remplir cette formalité jusqu'à un moment où l'accomplissement en était devenu impossible ; et il résultait des faits de la cause que l'acceptation aurait eu lieu si la demande n'en avait pas été retardée. L'huissier, au contraire, n'encourt aucune responsabilité, lorsque, ayant reçu l'ordre d'exécuter sur l'heure un jugement ou de renvoyer immédiatement le dossier, il a restitué les pièces au créancier assez tôt pour que celui-ci ait pu faire lui même procéder à l'exécution avant que d'autres créanciers eussent, de leur côté, saisi les biens du débiteur.

476. La partie qui, en vue du recouvrement d'une créance, a confié des pièces la concernant à un huissier par lequel elles ont été adressées à un de ses confrères qui les a ensuite remises à l'avoué chargé des poursuites, est fondée, dans le cas où ces pièces viennent à se perdre, à réclamer à l'huissier qui les a reçues le premier le paiement du montant de sa créance à titre de dommages-intérêts ; sauf le recours de cet huissier contre son confrère et de celui-ci contre l'avoué. Et ces derniers ne sont pas recevables à opposer l'incompétence du tribunal du domicile du défendeur principal, en l'absence de circonstances qui prouvent que la demande originaire a été formée pour distraire les garants de leurs juges naturels. Angers, 10 déc. 1869 (*J. H.*, t. 51, p. 231).

477. L'huissier, chargé de poursuivre le recouvrement

d'une créance, est bien tenu de remplir toutes les formalités propres à faire obtenir au créancier ce recouvrement, mais il n'a pas le devoir de veiller à la conservation des garanties attachées à la créance, et, par exemple, de renouveler l'inscription hypothécaire dont elle a été l'objet. Si on le décide ainsi à l'égard de l'avoué, dont le mandat *ad litem* emporte des pouvoirs et des obligations autrement étendus que ceux qui découlent du mandat donné à l'huissier (Voy. *suprà*, 1re partie, n°s 65 et suiv.), comment hésiterait-on à admettre, à l'égard de ce dernier, une interprétation que justifient tout à la fois la nature de ses fonctions et l'équité? Elle a été formellement consacrée par un arrêt de la Cour de Bourges du 13 déc. 1851 (*J. H.*, t. 33, p. 271) et par un arrêt de la Cour de Bordeaux du 19 nov. 1868 (*Id.*, t. 50, p. 157).

478. **Référé.** — Un huissier, après avoir saisi dans un hôtel les effets mobiliers d'un débiteur qui y est logé, fait enlever ces effets de l'hôtel pour procéder à leur vente. Alors, le maître de l'hôtel introduit contre cet huissier un référé pour voir ordonner que les objets saisis, étant soumis à son privilège, seront réintégrés chez lui aux frais de l'officier ministériel. Le juge des référés peut-il rendre une semblable décision? Il resterait sans doute dans les limites de sa compétence, s'il se bornait à prescrire la réintégration dans l'hôtel des objets saisis qui en ont été enlevés par l'huissier, jusqu'à ce que l'hôtelier ait fait juger par le tribunal la question de privilège. Mais il excéderait, au contraire, ses pouvoirs, s'il mettait en même temps à la charge de l'huissier les frais de la réintégration des effets dans l'hôtel, soit parce qu'une telle condamnation peut être considérée comme impliquant un préjugé à l'égard du principal, soit parce qu'elle méconnaît le principe que le juge des référés ne peut allouer ni

frais ou dépens, ni dommages-intérêts. Voy. *S. alph. L. proc. civ.*, v° *Référé*, n°ˢ 66 et 120.

479. **Remise des copies d'exploits.** — La disposition de l'art. 45 du décret du 14 juin 1813, suivant laquelle l'huissier qui ne remet pas lui-même à personne ou domicile les exploits qu'il a été chargé de signifier, doit être condamné correctionnellement à une suspension de trois mois, à une amende de 200 à 2,000 fr. et aux dommages-intérêts des parties, s'applique à tous les actes indistinctement dont la signification est confiée aux huissiers, et par conséquent même aux protêts. On prétendrait à tort qu'à l'égard de cette dernière espèce d'actes, l'infraction de l'huissier tombe sous l'application de l'art. 176, Cod. comm., qui, au lieu de la peine de la suspension, édicte celle de la destitution contre les notaires et huissiers par lesquels il n'est pas laissé copie exacte des protêts. L'art. 45 du décret de 1813 ayant statué à nouveau, au même titre disciplinaire, pour la même nature d'infraction, la sanction qu'il a établie s'est trouvée de plein droit substituée à celle qu'avait précédemment décrétée l'art. 176, Cod. comm. Cass., 24 novembre 1883 (*J. H.*, t. 65, p. 127).

480. L'art. 45 du décret du 14 juin 1813 doit recevoir son application indépendamment de celle de l'art. 103 du décret du 30 mars 1808, qui investit les tribunaux d'un pouvoir disciplinaire à l'égard des officiers ministériels convaincus de contravention aux lois et règlements. Cela fait d'autant moins de doute que, d'après la disposition formelle de son art. 75, le décret de 1813 ne déroge en rien aux prescriptions de l'art. 103 de celui de 1808. Alger, 2 déc. 1882 (*J. du Minist. publ.*, t. 26, p. 181). — Compar. *infrà*, n°ˢ 621 et 622.

481. Cet art. 45 n'interdit pas seulement aux huis-

siers, sous les peines qu'il édicte, de confier à des tiers les exploits et copies de pièces qu'ils sont chargés de signifier, pour les faire parvenir aux destinataires ; il leur prescrit, en outre, sous les mêmes peines, de remettre eux-mêmes ces exploits et copies de pièces à personne ou domicile. Cass., 1er mai 1829 (*J. H.*, t. 10, p. 238), 27 juin 1856 (*Id.*, t. 38, p. 21) et 30 janv. 1879 (*Id.*, t. 60, p. 71). « L'huissier qui, contrairement aux énonciations de l'original de l'exploit, dit ce dernier arrêt, s'abstient de remettre à qui de droit les copies des actes qu'il a dressés, commet un manquement à ses obligations professionnelles plus grave que celui qui consiste à confier à un tiers des copies qui peuvent parvenir plus ou moins exactement entre les mains de la personne intéressée ; le fait d'omission absolue de la remise des copies rentre donc dans les termes de l'art. 45, soit qu'on consulte le texte, soit qu'on interroge l'esprit de cette disposition. Il importe peu que l'huissier n'ait été coupable que de négligence, puisque, s'il avait agi frauduleusement, le fait imputé devrait, aux termes du deuxième paragraphe de l'art. 44, être poursuivi criminellement et puni conformément aux dispositions de l'art. 146, Cod. pén. » — Voy. aussi en ce sens, Nîmes, 13 avril 1877 (*J. H.*, t. 58, p. 270) ; Carré et Chauveau, quest. 369 ; Boitard, t. 1er, n° 372 ; Dalloz, v° *Huissier*, n°s 61 et suiv.

482. Il a été jugé, en effet, par application de cette dernière disposition, qu'indépendamment des peines portées par l'art. 45 du décret du 14 juin 1813, l'huissier qui fait remettre par un tiers la copie d'un exploit, bien qu'il y énonce l'avoir remise lui-même, est passible de la peine du faux, s'il a agi avec une intention frauduleuse. Voy. notamment Cass., 8 janv. 1853 (*J. H.*, t. 34, p. 218 ; S. 53. 1. 230).

483. La remise que fait l'huissier de la copie d'un exploit à une personne autre que celle à laquelle elle est destinée, et en un lieu autre que celui où l'exploit devait être signifié, ne tombe pas sous l'application de l'art. 45 du décret de 1813, si l'huissier a énoncé la remise de la copie telle qu'elle a été faite ; cette irrégularité peut seulement entraîner la nullité de l'acte. Cass., 6 mai 1842 (*J. H.*, t. 33, p. 325 ; S. 42. 1. 854).

484. L'infraction, de la part de l'huissier, à la prescription de l'art. 45 du décret du 14 juin 1813 ne peut être excusée ni par sa bonne foi, ni par la dispense qu'il aurait obtenue des parties (Voy. *infrà*, n° 620).

485. L'huissier qui a enfreint la défense de faire remettre par des tiers les copies des exploits qu'il est chargé de signifier, ne peut non plus invoquer comme excuse l'impossibilité où un obstacle momentané l'aurait mis de parvenir au domicile de la partie à laquelle la copie était destinée (Voy. *loc. cit.*). Il paraîtrait cependant excessif d'appliquer les peines portées par l'art. 45 du décret de 1813 à l'huissier qui, empêché par un fait de force majeure, de remettre lui-même la copie d'un exploit, l'aurait fait remettre par un tiers, afin de ne pas retarder une signification très urgente, s'il avait pris soin, d'ailleurs, de mentionner dans l'exploit, et le cas de force majeure, et le motif qui l'aurait déterminé à employer une tierce personne. Devilleneuve (S. 36. 1. 567).

486. D'un autre côté, la condamnation qui doit atteindre l'huissier dans le cas de contravention à l'art. 45 du décret de 1813 ne peut être modérée par l'admission des circonstances atténuantes ; l'huissier condamné n'a que la ressource du recours en grâce. Cass., 7 mars 1817

(*J. H.*, t. 10, p. 105); Alger, 2 déc. 1882 (*J. du Minist. publ.*, t. 26, p. 181).

487. Quelque rigoureuse et quelque forcée même que soit cette interprétation, on est obligé d'admettre, en présence de la jurisprudence bien établie de la Cour de cassation (arrêts des 19 févr. et 7 oct. 1842; 18 déc. 1843; 2 août 1849; *J. H.*, t. 23, p. 33; t. 24, p. 353; t. 25, p. 81; t. 33, p. 81; S. 42. 1. 354 et 953; 44. 1. 533; 49. 1. 716), que l'huissier qui fait présenter par un tiers (par un clerc notamment) au visa du maire, soit le commandement tendant à une saisie immobilière, soit le procès-verbal de cette saisie, encourt la responsabilité dérivant de l'art. 45 du décret du 14 juin 1813.

488. Lorsque le maire auquel l'original d'un acte d'appel a été présenté par l'huissier pour qu'il le revêtit de son visa, l'a retenu entre ses mains assez longtemps pour que le délai de l'appel ait expiré dans l'intervalle, aucune responsabilité n'incombe à l'huissier, demeuré étranger à cet abus d'autorité. On prétendrait vainement que cet officier ministériel est en faute pour n'avoir pas sommé le maire d'apposer immédiatement son visa ou de déclarer son refus; nulle obligation de ce genre n'est imposée à l'huissier. Cass. 25 janv. 1825 (*J. H.*, t. 6, p. 304; S., coll. nouv., 8. 1. 27).

489. **Restitution de pièces.** — Un officier ministériel qui reconnaît que des pièces qui ont été perdues lui avaient été confiées, ne peut néanmoins en être déclaré responsable, s'il affirme en même temps qu'il les a rendues, parce qu'il y a, en pareil cas, de sa part, un aveu qui ne saurait être divisé contre lui (Cod. civ., 1356). Paris, 6 fév. 1855 (*J. H.*, t. 36, p. 70).

490. **Saisie-arrêt.** — Il me paraît avoir été jugé à

bon droit que l'huissier qui procède à des saisies-arrêts à la demande d'une personne n'ayant ni titre sérieux, ni permission du juge, commet une faute professionnelle et se rend passible de dommages-intérêts envers le saisi. Rouen, 22 août 1878 (*J. H.*, t. 61, p. 54).

A moins de rabaisser l'huissier jusqu'à le regarder comme un instrument inerte et passif que pourraient diriger à leur gré les plaideurs, ce qui serait aussi contraire à la volonté non douteuse de la loi qu'à la considération dont cet officier ministériel a besoin d'être entouré dans ses utiles fonctions, l'on ne saurait prétendre qu'il soit tenu de prêter son ministère pour des actes évidemment illégaux, qu'il soit dispensé de vérifier les pièces que lui remettent ses clients, et qu'il échappe à toute responsabilité lorsqu'un préjudice résulte de sa complaisance aveugle, de sa négligence ou de sa légèreté. Une réquisition expresse, un ordre formel pourraient seuls l'obliger à faire un acte dont il aurait signalé à la partie l'illégalité ou l'inefficacité. — Compar. *suprà*, n° 399.

491. C'est un point incontesté que l'huissier n'a pas besoin d'un pouvoir spécial pour faire une saisie-arrêt. Chauveau, quest. 1944 ; mon *Formul. annot.*, t. 1ᵉʳ, p. 471, n° 9.

492. Bien qu'aux termes de l'art. 562, Cod. proc., l'huissier soit tenu, s'il en est requis, de justifier de l'existence du saisissant à l'époque où le pouvoir de saisir lui a été donné, à peine d'interdiction et de dommages-intérêts, la Cour de Rouen a jugé, par arrêt du 19 janv. 1853 (*J. H.*, t. 34, p. 157), que la saisie-arrêt pratiquée à la requête d'une personne qui était décédée au moment où elle a été faite, ne laisse point que d'être vable, si l'huissier porteur du mandat de cette personne ignorait le décès lorsqu'il a instrumenté ; décision fondée sur le

principe établi par l'art. 2008, Cod. civ., et auquel n'a pas dérogé l'art. 562, Cod. proc.

493. Saisie-exécution. — L'omission, dans une saisie-exécution, de celles des formalités qui ne sont pas de nature à emporter nullité, expose l'huissier soit à répondre des dommages-intérêts qu'obtiendrait le saisi, soit à être frappé de l'amende édictée par l'art. 1030, Cod. proc. Voy. Carré et Chauveau. quest. 2019 ; mon *Formul. annot.*, p. 527, note 18, n° 3.

494. Si l'huissier qui, en vertu d'un jugement déclaré exécutoire sur la minute, a procédé à une saisie-exécution sans commandement préalable, a pu croire, dans l'état de la jurisprudence (Voy. *S. alph. L. proc. civ.*, v° *Exécution*, n° 35), qu'il était dispensé de cette formalité, il n'est point responsable de la nullité de cette saisie ; et dès lors les frais auxquels elle a donné lieu, pas plus que ceux du jugement qui a prononcé la nullité, ne peuvent être mis à sa charge. Nîmes, 5 juill. 1869 (*J. H.*, t. 50, p. 269).

495. Il est bien certain que l'huissier qui, sous prétexte de se conformer à l'obligation de détailler les objets saisis, se permettrait de fouiller le débiteur ou les personnes de sa maison, se rendrait passible de dommages-intérêts. Carré et Chauveau, quest. 2023 ; mon *Formul. annot.*, p. 522, note 10, n° 4.

496. Lorsque du vin se trouve parmi les objets saisis, l'huissier, mandataire du saisissant, lequel doit être considéré ici comme l'expéditeur, est tenu, avant de faire transporter ce vin du domicile du saisi au lieu où il doit être vendu, d'en faire la déclaration au bureau de la régie, et de se pourvoir des expéditions nécessaires ; et il est personnellement responsable du paiement de l'amende encourue à défaut d'observation de ces forma-

lités. Cass., 3 févr. 1826 (*J. H.*, t. 7, p. 229); Chauveau, quest. 2088 *ter*.

497. Malgré la disposition de l'art. 607, Cod. proc., portant qu'il doit être passé outre à la saisie-exécution, bien que le saisi élève des réclamations, sauf à faire statuer sur celles-ci en référé, on décide avec raison, à mon avis, que l'huissier est tenu, sous peine d'exposer le saisissant à des dommages-intérêts et d'engager, par suite, sa propre responsabilité, de suspendre les poursuites, lorsque la saisie est faite, soit en vertu d'un jugement par défaut faute de comparaître frappé d'opposition, soit en vertu d'un jugement qui, n'étant pas exécutoire nonobstant appel, a été attaqué par cette voie. Carré et Chauveau, quest. 2066.

498. Et l'on va même jusqu'à admettre qu'en dehors de ces deux cas, l'huissier a, non plus, il est vrai, le devoir, mais du moins la faculté de suspendre l'exécution, si la réclamation du débiteur lui paraît sérieuse et grave, et qu'il n'encourt alors aucune responsabilité. Mêmes auteurs, *ibid*.

499. Lorsque, au moment où l'huissier procède à une saisie-exécution, il existe une précédente saisie des mêmes objets, la seconde saisie n'est pas nulle, mais vaut procès-verbal de récolement, d'après deux arrêts, l'un de la Cour de Limoges, du 18 déc. 1813 (*J. H.*, t. 4, p. 359), rendu dans une espèce où l'huissier n'avait pas eu connaissance de la précédente saisie, et l'autre de la Cour de Caen, du 1er mai 1855 (*Id.*, t. 37, p. 107), qui ne s'explique pas sur le point de savoir si l'huissier avait ou non cette connaissance au moment de la saisie nouvelle. C'est là cependant un point essentiel, car il paraîtrait difficile de regarder la seconde saisie comme valable, malgré la défense portée par l'art. 614, Cod. proc., et de faire

échapper l'huissier à toute responsabilité, si ce dernier avait sciemment et volontairement enfreint cette défense. M. Chauveau, quest. 2078, tout en enseignant que, dans ce dernier cas, l'irrégularité n'entraîne pas la nullité de la seconde saisie, estime que les frais en doivent du moins rester à la charge de l'huissier.

500. La simple allégation du débiteur chez lequel un huissier se dispose à pratiquer une saisie-exécution, de l'existence d'une précédente saisie dont il prétend que le procès-verbal l'a constitué gardien des effets saisis, sans représenter la copie de ce procès-verbal à l'officier ministériel, ne saurait suffire pour obliger celui-ci à s'abstenir. La saisie et la vente des objets saisis auxquelles il procède en pareil cas sont parfaitement valables. Limoges, 18 déc. 1813 ; Chauveau, quest. 2078 ; mon *Formul. annot.*, t. 2, p. 539, note 3. En conséquence, si le receveur des finances à qui le produit de la vente, défalcation faite des frais, est offert par l'huissier en acquittement des contributions dues par le débiteur saisi, refuse cette offre, sous prétexte que le montant en est inférieur à la créance du Trésor par suite de la saisie que l'huissier aurait faite frustratoirement, ce dernier est en droit d'obtenir contre ce fonctionnaire une condamnation à des dommages-intérêts pour l'atteinte qu'il a portée à sa réputation. Trib. civ. d'Alais, 16 janv. 1879 (*J. H.*, t. 61, p. 97).

501. Lorsque la réclamation émane d'un tiers, qui se prétend propriétaire d'une partie des meubles trouvés chez le débiteur, sans faire aucune justification, et sans prendre d'ailleurs la voie de la revendication ouverte par l'art. 608, Cod. proc., l'huissier ne se rend point passible de dommages envers ce tiers en procédant néanmoins à la saisie. Bruxelles, 2 mars 1855 (*J. H.*, t. 36, p. 179) ; Chauveau, quest. 2066 *bis*.

502. On ne saurait imputer à faute à l'huissier qui a procédé à une saisie-exécution en observant toutes les prescriptions du Code de procédure, d'avoir compris dans cette saisie des effets mobiliers dont il ignorait que le débiteur avait précédemment fait cession à sa femme séparée de biens en paiement de ses reprises. Trib. civ. de Nevers, 16 fév. 1876 (*J. H.*, t. 57, p. 131).

503. Un huissier chargé de poursuivre un débiteur se substitue un de ses confrères, qui, après commandement signifié à ce débiteur en vertu d'un jugement rendu contre lui, procède à une saisie-exécution d'objets n'appartenant pas à ce dernier, et qui eussent pu être reconnus appartenir à un tiers, si les renseignements d'après lesquels la saisie a eu lieu avaient été soumis à un contrôle plus sévère. Le saisissant, condamné à indemniser le propriétaire des objets indûment saisis, n'est-il pas fondé à rendre responsables de cette réparation les deux officiers ministériels qui ont concouru à la procédure ? L'affirmative n'est point douteuse, et elle a été consacrée par un arrêt de la Cour de Paris du 30 mai 1872 (*J. H.*, t. 55, p. 80), duquel il résulte qu'en pareil cas les deux huissiers doivent être condamnés solidairement à relever le saisissant de la condamnation qui l'a atteint.

504. L'huissier qui fait chez un tiers, sur des meubles d'un débiteur déjà frappés de saisie-revendication, une saisie-exécution suivie de la vente de ces meubles et de la distribution du prix, au lieu de procéder par voie de saisie-arrêt, commet une faute qui le rend responsable, envers le créancier au nom duquel la saisie-revendication a été opérée, du préjudice éprouvé par celui-ci. Et il doit, en outre, s'il s'est engagé à garantir le détenteur des meubles de toute responsabilité au sujet de la remise que ce dernier lui en a faite, le relever de la condam-

nation à des dommages-intérêts qui est prononcée contre lui, à raison de cette même remise. Cass., 6 fév. 1883 (*J. H.*, t. 64, p. 294).

505. Dans le cas où le débiteur dont l'huissier est chargé de saisir les meubles se trouve absent de son domicile, cet officier ministériel, pour ne pas compromettre sa responsabilité, doit avoir soin de se conformer exactement aux prescriptions des art. 591 et 597, Cod. proc., relativement à la conservation des papiers et à la garde des autres objets qu'il saisit. Et il a été très exactement jugé que si, en pareil cas, l'huissier omet de faire apposer les scellés sur les papiers trouvés au domicile du débiteur, et, au lieu d'établir un gardien, laisse les meubles saisis à la garde du débiteur lui-même, malgré la connaissance qu'il a de son absence, il est responsable du préjudice résultant pour ce dernier de la disparition d'une partie soit de ses papiers, soit de ses effets mobiliers. Lyon, 13 juill. 1878 (*J. H.*, t. 60, p. 75).

506. Il existe une certaine controverse sur le point de savoir si c'est à peine de nullité que, lorsque le saisi est absent, l'huissier doit remettre une copie du procès-verbal au maire ou adjoint, ou au magistrat qui, en cas de refus des portes, les aura fait ouvrir, à l'exclusion des personnes de la famille. Mais, comme la nullité aurait pour conséquence de mettre les frais du procès-verbal à la charge de l'huissier, ainsi que l'a décidé un jugement du tribunal civil de Castelnaudary du 12 janv. 1849 (*J. H.*, t. 30, p. 166), cet officier ministériel agira prudemment en observant à la lettre la prescription de l'art. 601, Cod. proc. Voy. *S. alph. L. proc. civ.*, v° *Saisie-exécution*, n°s 186 et suiv.

507. Si l'huissier gardait entre ses mains le numéraire qu'il saisit, il en serait nécessairement responsable.

Aussi importe-t-il, bien que cette prescription ne soit pas sanctionnée par la peine de nullité, qu'il dépose les deniers comptant, selon le vœu de l'art. 590, Cod. proc., soit à la Caisse des consignations, à Paris, chez le trésorier-payeur général ou chez le receveur particulier dans les départements, soit entre les mains d'un autre dépositaire dont seraient convenus le saisissant, le saisi et les opposants, s'il y en a.

508. L'huissier est-il responsable de l'insolvabilité du gardien établi par lui? Non, en principe : « Attendu, a dit un arrêt de la Cour de cassation du 24 avril 1833 (*J. H.*, t. 14, p. 160 ; S. 33. 1. 415), que si l'art. 596, Cod. proc., exige que le gardien présenté par le saisi soit solvable, l'art. 597, qui ordonne qu'à défaut par le saisi de présenter un gardien solvable et de la qualité requise, il en sera établi *un* par l'huissier, n'exige pas d'une manière expresse et absolue que le gardien établi soit solvable ; qu'aucune disposition législative ne rend l'huissier responsable de la solvabilité des gardiens commis à la garde des objets saisis et des soustractions commises par l'imprudence de ces gardiens, lorsqu'on ne peut lui reprocher une faute personnelle ; qu'en une multitude de cas, il serait impossible en fait aux huissiers d'établir des gardiens dont la solvabilité fût égale à la valeur des objets ».

509. L'huissier ne deviendrait responsable que s'il y avait, de sa part, une faute, une connivence ou une négligence. Même arrêt et Cass., 25 janv. 1836 (*J. H.*, t. 17, p. 129 ; S. 36. 1. 286). Voy. aussi Caen, 12 déc. 1826 ; Poitiers, 7 mars 1827 ; Rouen, 5 déc. 1831 et 18 août 1832. Et Compar. Cass., 6 nov. 1843 (*J. H.*, t. 25, p. 89). La Cour de cassation a répudié avec raison la doctrine absolue qu'elle avait admise antérieurement, par un arrêt

du 18 avril 1827 (*J. H.*, t. 8, p. 216 ; S., coll. nouv., 8. 1. 572).

510. L'huissier qui a saisi des meubles les fait apporter sur la place publique, où ils doivent être vendus le lendemain ; mais, sur l'opposition formée par un tiers, avec assignation en référé, il est sursis à la vente ; et l'huissier confie à un tiers, moyennant un salaire convenu, la garde des objets saisis. Lequel, de l'officier ministériel ou du saisissant, est responsable des frais de garde envers ce tiers ? Un arrêt de la Cour de Bordeaux du 2 juill. 1868 (*J. H.*, t. 50, p. 5) a très bien décidé que le gardien, en pareil cas, n'a d'action que contre le saisissant, alors qu'il n'a pu ignorer en quelle qualité l'huissier agissait quand il l'a chargé de la garde des objets en question.

Voy. encore ce qui est dit plus loin sous la rubrique *Vente publique de meubles*, n°s 533 et suiv.

511. **Saisie-gagerie.** — L'huissier qu'un propriétaire a chargé de pratiquer une saisie-gagerie sur les meubles d'un locataire principal, excède son mandat et commet une faute en saisissant aussi les meubles des sous-locataires, malgré leurs protestations et la production de leurs quittances. Il doit, par suite, relever le propriétaire de la condamnation à des dommages-intérêts qui vient à être prononcée, à raison de ce fait, contre celui-ci envers les sous-locataires. Cass., 9 juill. 1879 (*J. H.*, t. 61, p. 207 ; S. 80. 2. 27).

512. Il est de toute évidence que l'huissier qui, au lieu d'une saisie-gagerie sans commandement préalable, autorisée par une ordonnance du président du tribunal, pratique contre le locataire une saisie-exécution, non précédée elle-même de commandement, fait un acte nul,

et qu'il est responsable des conséquences dommageables de cette nullité. Alger, 9 nov. 1874 (*J. H.*, t. 56, p. 112).

513. Saisie immobilière. — Dans une procédure de saisie immobilière, toutes les nullités qui proviennent du fait de l'huissier, telles que celles qui consistent dans la signification d'un exploit à un faux domicile, dans une fausse désignation des immeubles saisis, etc., engagent sans aucun doute sa responsabilité. Mais il peut facilement éviter de la compromettre en exigeant, de la part de ceux qui lui donnent mandat de saisir, des renseignements précis sur tous les points qu'il lui importe de connaître avec certitude, et en refusant de prêter son ministère, s'ils ne lui sont pas fournis. Voy. Chauveau, quest. 2216.

514. Le pouvoir donné à l'huissier pour procéder à une saisie immobilière n'étant pas l'acte en vertu duquel il fait la saisie, cet officier ministériel ne contrevient point à l'art. 42 de la loi du 22 frim. an VII, bien que, le pouvoir étant sous seing privé, il ne l'ait pas fait préalablement enregistrer, et cela, soit qu'il ne le mentionne pas, soit, au contraire, qu'il l'énonce dans son procès-verbal. Trib. civ. de Neufchâteau, 5 déc. 1851 (*J. H.*, t. 34, p. 242); Billequin, *Id.*, t. 29, p. 113; Chauveau, Suppl., quest. 1918. — Mais l'huissier a intérêt, pour donner date certaine au pouvoir et prévenir une action en nullité, à le soumettre, avant d'en faire usage, à la formalité de l'enregistrement, qui n'a d'ailleurs rien d'onéreux pour lui, puisque les frais doivent lui en être remboursés comme frais de saisie.

515. Dans le cas où le commandement tendant à une saisie immobilière est annulé comme n'étant pas précédé de la copie du titre, ce n'est pas l'avoué auquel a été confiée la poursuite, mais l'huissier instrumentaire seul, qui est responsable des conséquences de cette annulation. Metz, 3 juill. 1819 (*J. H.*, 1. 35) ; pourvu toutefois que l'huissier ait été lui-même chargé de dresser le commandement.

516. Lorsque, dans la commune où un huissier est chargé de procéder à une saisie immobilière, il n'existe pas de matrice cadastrale régulière et complète, cet officier ministériel doit se renseigner par les moyens qui sont en son pouvoir sur la consistance et la situation des immeubles du débiteur; mais il ne peut résulter pour lui aucune responsabilité de ce qu'il aurait compris dans la saisie des immeubles appartenant à des tiers, à moins que l'erreur ne fût imputable à sa négligence. Compar. mon *Formulaire annoté*, t. 2, p. 625, note 13, n° 4.

517. Il ne suffit pas que les immeubles saisis soient inscrits, dans la matrice cadastrale, sous le nom d'un autre que le débiteur, pour que l'huissier soit dispensé de donner copie de cette matrice. Le procès-verbal de saisie serait nul, et la responsabilité de l'huissier se trouverait engagée, en pareil cas, si cet officier ministériel, bien qu'il lui eût été possible d'obtenir l'extrait de la matrice cadastrale concernant les immeubles saisis, avait omis de se conformer à la prescription de l'art. 675, n° 4, Cod. proc. Chauveau, quest. 2237.

518. La responsabilité de l'huissier est certainement à couvert, lorsque les lacunes que présente la copie qu'il a donnée de la matrice cadastrale proviennent du fait du fonctionnaire qui a délivré l'extrait de cette matrice. Mais il en serait autrement, si les omissions étaient la conséquence de l'insuffisance de la réquisition faite par l'huissier. Celui-ci ne pourrait d'ailleurs s'excuser en prétextant que la partie omise était inutile : la prescription de la loi étant générale et absolue, aucune considération ne

saurait dispenser de l'appliquer littéralement. Chauveau, quest. 2337. — Compar. Cass., 30 janv. 1855 (*J. H.*, t. 36, p. 205 ; S. 55. 1. 784).

519. L'huissier qui a compris dans une saisie immobilière une parcelle de terre n'appartenant point au saisi, ne doit être soumis à aucune responsabilité, si cette parcelle figurait encore à la cote foncière de ce dernier, au moment où la saisie a eu lieu. Trib. civ. de Nevers, 16 fév. 1876 (*J. H.*, t. 57, p. 131) ; Bordeaux, 11 nov. 1884 (Capdeville c. Blancard).

520. Le défaut de sommation à un ou plusieurs des créanciers inscrits ne peut engager la responsabilité de l'avoué ou de l'huissier, que lorsqu'il y a eu réellement négligence de la part de l'officier ministériel; comme si, par exemple, il a oublié des créanciers portés au certificat délivré par le conservateur. Ce dernier seul est responsable, si les omissions proviennent de son fait. Chauveau, quest. 2329 ; *S. alph. L. proc. civ.*, v° *Saisie immobilière*, n° 730. — Compar. Amiens, 7 janv. 1813 (*J. Av.*, t. 20, p. 382) ; Poitiers, 26 fév. 1846 (*J. H.*, t. 28, p. 36).

521. D'après un arrêt de la Cour d'Agen du 1er juin 1855 (*J. H.*, t. 36, p. 225), les frais d'un procès-verbal de saisie immobilière annulé peuvent être mis à la charge de l'huissier, sans qu'il soit besoin de l'appeler en cause. Cette solution est contraire aux vrais principes. Voy. *suprà*, n°s 183 et suiv.

522. **Saisie-revendication.** — La condamnation à des dommages-intérêts encourue par la partie et par l'huissier dans le cas où une saisie-revendication a été pratiquée sans autorisation du président du tribunal (Cod. proc. civ., 826), est une condamnation solidaire. Pigeau, *Comment.*, t. 2, p. 515 ; Chauveau, quest. 2816 *quater*.

523. La Cour de Douai a très exactement interprété les art. 826 et 827, Cod. proc., en décidant, par arrêt du 13 mars 1877 (*J. H.*, t. 60, p. 274), que l'huissier qui comprend dans une saisie-revendication des objets autres que ceux désignés dans l'ordonnance autorisant la saisie, est responsable des conséquences dommageables que cette saisie peut avoir pour son client.

524. Signification d'actes. — L'huissier encourt-il une responsabilité, si, ayant commencé un acte, par exemple, un procès-verbal de saisie, à une heure légale, il le continue après que cette heure légale est expirée? La négative semble devoir être admise dans le cas où la continuation de l'opération a lieu sans opposition du débiteur. Voy. Cass., 17 déc. 1856 (*J. H.*, t. 38, p. 94). Mais si, au contraire, le débiteur a protesté contre cette continuation après le temps légal, l'acte est-il néanmoins valable, et l'huissier se trouve-t-il à l'abri de tout reproche? On pourrait répondre affirmativement en interprétant d'une manière rigoureuse les motifs du même arrêt de la Cour de cassation; mais ce serait aller trop loin, selon moi. Voy. aussi Chauveau, quest. 3426.

525. Surenchère. — L'action en responsabilité formée contre un huissier à raison de la nullité d'un acte de réquisition de surenchère ne peut être écartée par une fin de non-recevoir tirée de ce que, depuis l'annulation de la surenchère, le créancier au nom duquel elle avait été requise a produit à l'ordre ouvert pour la distribution du prix de l'immeuble aliéné, et obtenu un bordereau de collocation dont il a touché le montant. Cette production n'emporte point renonciation de la part de ce créancier à son action en dommages-intérêts; il en résulte seulement qu'il a accepté la condition de surenchérisseur évincé. sur laquelle est précisément basée cette action. Trib. civ. de Bruxelles, 29 nov. 1851 *J. H.*, t. 33, p. 46).

526. Vente publique de meubles. — En cas d'empêchement d'un commissaire-priseur, l'huissier qui a fait une saisie-exécution procède valablement à la vente des meubles saisis dans la ville où cet officier public est établi, parce que la situation est alors la même que si les meubles devaient être vendus dans un lieu où il n'existe pas de commissaire-priseur. Peu importe que le commissaire-priseur se soit substitué un autre officier public, si celui-ci (un greffier de justice de paix, par exemple), ne jouit pas des mêmes attributions que lui. En conséquence, le commissaire-priseur n'est pas fondé à réclamer des dommages-intérêts à l'huissier, sous prétexte que ce dernier aurait usurpé ses attributions. Trib. civ. du Puy, 2 déc. 1884 (*J. H.*, t. 66, 103).

527. Lorsque l'huissier se trouve obligé d'ajourner la vente des objets saisis, par suite du déplacement qui en a été opéré, il ne saurait évidemment encourir aucune responsabilité en mettant ces objets en fourrière pour éviter un nouveau déplacement ; c'est là, au contraire, une précaution que lui commande la prudence la plus vulgaire. Bordeaux, 20 août 1872 (*J. H.*, t. 54, p. 94).

528. L'huissier ne commet non plus aucune faute en suspendant la vente des meubles saisis, à raison d'une demande en distraction dont ils ont été l'objet, alors même que cette demande a été formée irrégulièrement, parce qu'il ne lui appartient pas de se constituer juge de sa valeur. Même arrêt. — Compar. Cass., 20 janv. 1862 (*J. H.*, t. 43, p. 79 ; S. 62. 1. 118) ; Trib. civ. de Nancy, 16 mars 1869 (*Id.*, t. 50, p. 217).

529. En procédant à la vente d'objets frappés de saisie-gagerie, avant l'expiration du délai de huitaine à

partir de la signification du jugement de validité de cette saisie, et malgré la connaissance qu'il a de la demande en nullité de la procédure formée par le débiteur, l'huissier se rend-il passible de dommages-intérêts envers ce dernier ? L'affirmative ne me paraît pas douteuse.

D'un côté, en effet, la vente des objets sur lesquels a été pratiquée une saisie-gagerie ne peut avoir lieu qu'après que cette saisie a été déclarée valable (Cod. proc., 824) ; et, d'un autre côté, l'on doit, pour cette vente, observer les règles prescrites en matière de saisie-exécution (même Code, 825). Or, l'art. 613, au titre des Saisies-exécutions, exige qu'il y ait *au moins huit jours* entre la signification de la saisie au débiteur et la vente. Evidemment, quand il s'agit de saisie-gagerie, ce n'est pas du jour de la signification de la saisie elle-même que court ce délai, mais bien du jour de la signification du jugement de validité, qui a pour effet de convertir la saisie-gagerie en saisie-exécution. Dès lors, c'est contrevenir à la loi que de procéder à la vente sans que huit jours au moins se soient écoulés depuis la signification de ce jugement. Et comme la prescription de la loi est ici substantielle, en ce qu'elle a pour objet d'empêcher que la vente ne soit faite avec une précipitation qui ne permettrait pas de réunir un nombre suffisant d'enchérisseurs, et ne laisserait pas au débiteur assez de temps pour aviser au moyen de se libérer, l'inobservation de cette prescription doit emporter nullité de la vente. Compar. Dalloz, v° *Saisie-exécution*, n° 307, et les autres jurisconsultes cités *ibid*.

530. Nul doute, dès lors, que le saisissant qui fait procéder à la vente des objets saisis-gagés moins de huit jours après la signification du jugement de validité de la saisie, et malgré la demande en nullité de la procédure

formée par le débiteur, ne soit passible de dommages-intérêts envers celui-ci, et que la même responsabilité ne pèse sur l'huissier qui a fait la vente avec la connaissance de cette demande en nullité.

531. Dans une vente publique de meubles, aussitôt qu'une enchère a couvert la mise à prix, il y a entre le vendeur et l'enchérisseur vente parfaite, si cette enchère ne vient pas à être couverte elle-même. Dès lors, l'officier chargé de la vente ne peut plus, sans engager sa responsabilité envers l'enchérisseur, retirer l'objet mis en vente, sous prétexte que le vendeur ne veut le céder qu'à un prix supérieur. Les principes de la vente, tels qu'ils sont établis par le Code civil, régissent les ventes aux enchères publiques aussi bien que les ventes de gré à gré. Trib. civ. de la Seine, 9 févr. 1882 (*J. H.*, t. 63, p. 206).

532. L'officier public ou ministériel qui, contrairement à la prescription de l'art. 622, Cod. proc., comprend dans une vente de meubles saisis plus d'objets qu'il n'est nécessaire pour couvrir le montant des causes de la saisie et des frais, bien que le fractionnement de la mise aux enchères et la minimité des prix obtenus permissent aisément d'éviter ce résultat, engage sa responsabilité envers le saisi. Lyon. 13 juill. 1878 (*J. H.*, t. 60, p. 75) ; mon *Form. annot.*, t. 2, p. 560, note 10, n° 4. — *Contrà*, Trib. civ. de Marseille, 14 mars 1865 (*J. H.*, t. 47, p. 241).

533. Un huissier ne commet aucune faute, lorsqu'il passe outre à la vente des objets saisis, malgré l'opposition qui lui a été signifiée par des créanciers, si cette opposition est fondée uniquement sur ce qu'une demande en déclaration de faillite aurait été formée contre le saisi ; le jugement déclaratif de faillite a seul un effet suspensif.

Rouen, 23 janv. 1858 (*J. H.*, t. 39, p. 300); Chauveau, quest. 2068 *bis*.

534. Plus généralement, l'huissier n'encourt certainement aucune responsabilité en procédant à la vente de meubles saisis que n'ont pas revendiqués dans la forme prescrite par l'art. 608 ceux qui s'en prétendent plus tard propriétaires. Alors même qu'il présumerait le droit de propriété de ces tiers, il ne lui appartient pas de surseoir à la vente, tant qu'ils n'y ont pas formé régulièrement opposition, et il n'est nullement tenu de provoquer lui-même cette opposition, que la publicité donnée à la vente a dû suffire pour les mettre en demeure de réaliser. La déclaration du saisi que ces meubles ne lui appartiennent pas, l'opposition même faite par les tiers entre les mains de l'huissier, sont insuffisantes pour empêcher la vente; une opposition dans les formes prescrites par l'art. 608 peut seule produire cet effet. Rouen, 9 janv. 1857 (*J. H.*, t. 38, p. 308); Bruxelles, 27 mars 1857 (*Id.*, t. 39, p. 81).

535. La question s'est élevée de savoir si la signification d'une opposition à la vente d'objets saisis ne peut, sans contravention, être faite au saisi et au saisissant avant que l'acte d'opposition n'ait été enregistré. Pour soutenir qu'une amende est encourue dans ce cas par l'huissier, on prétend que le droit de faire un acte en vertu d'un autre acte non enregistré, n'appartient qu'aux officiers publics, et non aux officiers ministériels. Mais la solution contraire résulte de l'art. 56 de la loi du 28 avril 1816, qui, après avoir dit que l'art. 42 de la loi du 22 frim. an VII continuera d'être exécuté, ajoute que « néanmoins, à l'égard des actes *que le même officier* aurait reçus, et dont le délai d'enregistrement ne serait pas encore expiré, il pourra en énoncer la date, avec la mention que ledit acte sera présenté à l'enregistrement

en même temps que celui qui contient la même mention ». Par la généralité de ses termes, cette disposition s'applique évidemment aux officiers ministériels comme aux officiers publics ; et l'on peut d'autant moins en douter, que l'art. 42 de la loi de frimaire an VII auquel elle se réfère mentionne expressément les huissiers, en même temps que les notaires et autres officiers publics. Voy. en ce sens, Caen, 1er mai 1858 (*J. H,*, t. 39, p. 229).

536. L'opposition sur le prix de la vente signifiée au saisissant seul, au lieu de l'être également à l'huissier, comme l'exige l'art. 609, n'empêche point que celui-ci ne puisse valablement remettre ce prix au saisissant. Mais lorsque l'opposition a été signifiée à l'huissier, cet officier ministériel ne peut, sans s'exposer à une action en dommages-intérêts de la part de l'opposant, remettre le prix au saisissant, au lieu de le consigner, alors même que cette opposition n'aurait pas été signifiée à celui-ci. Cass., 20 janv. 1862 (*J. H.*, t. 43, p. 79 ; S. 62. 1. 118). Quelle que puisse être la conséquence de ce défaut d'opposition, il n'appartient pas à l'huissier de s'en rendre juge.

537. Le propriétaire qui n'a pas formé opposition sur le prix de la vente du mobilier de son locataire, saisi à la requête d'un tiers, prix que l'officier vendeur a versé entre les mains du saisissant, peut intenter une action en dommages-intérêts tant contre ce dernier que contre l'huissier qui a instrumenté pour lui, s'il établit que l'insuffisance de la publicité donnée à la vente, et spécialement l'omission d'indications essentielles dans les placards et insertions, l'a laissé dans l'ignorance de cette vente et a été ainsi la cause du défaut d'opposition de sa part sur le prix. Voy. mes observ. *J. H.*, t. 62, p. 31.

538. D'après un arrêt de la Cour de Rennes du 20 mars 1880 (*J. H.*, t. 62, p. 55), l'officier public ou mi-

nistériel qui a procédé à une vente volontaire de meubles aux enchères sur le prix de laquelle il a été formé une opposition entre ses mains, n'étant point juge du mérite de cette opposition, engage sa responsabilité, si, au lieu de consigner ce prix, il le remet au vendeur ou à un créancier de ce dernier.

539. Cette extension au cas de vente publique volontaire de meubles, d'un principe incontesté en matière de vente mobilière après saisie (Voy. mon *Formul. annot.*, t. 2, p. 564, n°s 2, 4 et 7), soulève une difficulté sérieuse. Elle peut paraître rationnelle, si l'on admet, avec la Cour de Rennes, que l'opposition sur le prix d'une vente mobilière aux enchères entre les mains de l'officier public ou ministériel qui y a procédé, produit les mêmes effets que celle que l'art. 609, Cod. proc. civ., permet de faire sur le prix de vente de meubles saisis. Mais quelle loi, dans le premier cas, autorise l'opposition, et affranchit les créanciers de l'obligation de se conformer aux prescriptions du Code de procédure concernant la saisie-arrêt?

L'ordonnance du 3 juillet 1816 parle bien, il est vrai, d'oppositions sur le prix de ventes volontaires de meubles et paraît distinguer ces oppositions des saisies-arrêts proprement dites ; mais, outre que les dispositions de cette ordonnance ne sont point fort cohérentes, puisque, malgré la distinction qui vient d'être rappelée et qui résulte de l'art. 7, le paragraphe 8 de l'art. 2 restreint l'obligation de consigner le prix de semblables ventes au cas d'opposition rentrant dans les prévisions des art. 656 et 657, Cod. proc., lesquels prescrivent la distribution par contribution des deniers *arrêtés* et du prix des ventes d'objets saisis, il ne pouvait appartenir au rédacteur d'une ordonnance rendue pour l'exécution des art. 110, 111 et 112 de la loi du 28 avril 1816, instituant la Caisse des dépôts et consignations, de créer une procédure que le législateur, intentionnellement ou non, n'avait pas établie. Il résulte d'ailleurs des termes mêmes du préambule de cette ordonnance qu'elle a entendu se référer purement et simplement, pour les cas où il y aurait lieu à consignation, aux prescriptions de la législation alors existante, et comme aucune de ces prescriptions n'attribue à une simple opposition l'effet d'arrêter le prix des ventes volontaires de meubles, on doit en conclure, selon moi, qu'une telle opposition ne met pas l'officier public ou ministériel qui a procédé à la vente dans l'obligation de consigner le prix qu'il a reçu des acheteurs.

540. Une ordonnance du 1er mai 1816 impose aux officiers publics ou officiers ministériels qui procèdent aux ventes publiques de meubles, l'obligation de comprendre dans leurs procès-verbaux les objets mis en vente et non adjugés. L'huissier qui ne se conforme pas à cette prescription encourt l'amende prononcée par cette même ordonnance. Trib. civ. de Valenciennes, 26 juill. 1855 (*J. H.*, t. 38, p. 21); Chauveau, quest. 2103 *bis*.

541. L'officier vendeur qui, sans y être autorisé par les parties, livre, avant le paiement du prix, une partie des meubles vendus, et ne dépose à la Caisse des consignations qu'une portion de ce prix, engage incontestablement sa responsabilité. Rennes, 13 juin 1870 (*J. H.*, t. 52, p. 217).

542. Lorsque la vente a pour objet le mobilier dépendant d'une succession, l'officier public ou ministériel qui y a procédé est tenu d'en consigner le produit, si, eu égard à leur incapacité momentanée, les parties ne peuvent le recevoir; et, à défaut de consignation, il doit tenir compte des intérêts de la somme qu'il a indûment gardée.

Lyon, 8 févr. 1854 (*J. des not.*, 1854, p. 708); Chauveau, quest. 3161.

543. Dans le cas de vente du mobilier dépendant soit d'une communauté dissoute par la mort de l'un des époux, soit de la succession bénéficiaire de cet époux, l'officier vendeur peut, sans engager sa responsabilité, verser le prix de la vente entre les mains de l'époux survivant, requérant, ou en celles des créanciers que celui-ci lui a désignés, lorsqu'aucune saisie-arrêt n'a été pratiquée sur ce prix, et que, dès lors, aux termes des paragraphes 8 et 12 de l'art. 2 de la loi du 3 juill. 1816, il n'y a pas lieu de le consigner. Rouen, 16 mai 1877 (*J. H.*, t. 59, p. 124).

544. L'huissier qui a procédé à une vente publique de meubles par suite de saisie peut aussi, sans compromettre sa responsabilité, payer, avant consignation, sur le produit de la vente, les frais privilégiés faits par des créanciers avant la saisie, parce que ce paiement a lieu dans l'intérêt de toutes les parties et doit leur profiter. Cass., 14 déc. 1868 (*J. H.*, t. 50, p. 145).

545. Si, après avoir fait une semblable vente, l'huissier en a distribué le prix aux créanciers du saisi, sans avoir acquitté les impôts dus par ce dernier, il n'est responsable de ces impôts vis-à-vis de l'administration des contributions directes, qu'autant qu'elle les lui a réclamés avant qu'il ne se soit dessaisi des fonds. Trib. de Foix, 1ᵉʳ août 1866 (*J. H.*, t. 47, p. 301); Trib. de Lisieux, 12 déc. 1876 (*Id.*, t. 58, p. 118); Dalloz, vᵒ *Vente publ. de meubles*, nᵒ 104. — *Contrà,* Cons. de préf. de la Haute-Garonne, 30 déc. 1872 (*Id.*, t. 54, p. 126).

546. Mais l'huissier qui se trouve détenteur du prix de meubles saisis et de récoltes immobilisées et auquel le

percepteur des contributions directes réclame le montant des impôts dus par le débiteur, se rend passible de dommages-intérêts envers le Trésor, s'il se refuse à en opérer le versement, et forme opposition au commandement qui lui est signifié, sous prétexte que les deniers provenant de la vente doivent être consignés pour être distribués avec le prix des immeubles. Il n'a d'autre droit que celui d'appeler en cause, sur les poursuites dirigées contre lui, les créanciers du saisi. Riom, 4 mai 1852 (*J. H.*, t. 34, p. 190).

547. Bien que ce soit à tort que l'huissier qui a procédé à une vente publique de meubles saisis prétende avoir le droit de retenir sur le prix de cette vente, outre les frais taxés, une somme payée par lui, sur l'ordre des héritiers bénéficiaires du saisi, pour l'acquittement des droits de mutation (Voy. mon *Formul. annot.*, t. 2, p. 564, n°s 7 et 8), les juges, en le condamnant à consigner le prix intégral, sous la seule déduction de ses frais, peuvent rejeter la demande en dommages-intérêts formée contre lui, et ne mettre à sa charge que les dépens, par le motif que sa prétention n'est empreinte ni de vexation, ni d'une excessive témérité. Rouen, 1er mars 1879 (*J. H.*, t. 61, p. 52).

548. D'après deux arrêts de la Cour de Caen des 23 nov. 1858 (S. 59. 2. 138) et 23 nov. 1882 (S. 85. 2. 15), l'huissier qui s'est fait attribuer, pour une vente publique de meubles à laquelle il a procédé, des honoraires notablement supérieurs à ceux qu'il aurait pu réclamer d'après le tarif, doit être considéré comme s'étant rendu garant du recouvrement du prix de vente, parce qu'une semblable attribution ne peut s'expliquer que par cette garantie. Dans ces termes absolus, l'interprétation me paraît forcée. En se faisant attribuer plus qu'il ne lui est

dû, l'huissier s'expose à une action en restitution de la part de ceux qui auront trop payé; mais induire de ce fait seul qu'il a entendu se rendre responsable envers le vendeur du recouvrement du prix de la vente, c'est créer une présomption que rien ne justifie. Dans l'arrêt du 23 nov. 1882, la Cour de Caen relevait de plus cette circonstance, que le cahier des charges avait conféré à l'huissier le mandat d'encaisser le produit des ventes, en lui conférant le droit de demander caution aux acheteurs qui ne paieraient pas comptant et dont la solvabilité serait douteuse. Je comprends qu'elle ait vu là une preuve de la responsabilité de l'officier ministériel ; mais elle a eu tort, selon moi, de n'y voir qu'une preuve surabondante.

549. **Vente publique de navire.** — Suivant un jugement du tribunal civil du Havre du 14 juill. 1858 (*J. H.*, t. 39, p. 270), si, quoique la vente publique par licitation d'un navire dont tous les copropriétaires ne sont pas présents ou d'accord, doive être faite à la barre du tribunal civil, avec le concours des avoués, un tribunal de commerce a ordonné cette vente et décidé qu'il y serait procédé à la Bourse par un courtier, l'huissier dont le courtier a requis le ministère pour l'accomplissement des formalités de publication n'est pas, comme celui-ci, passible de dommages-intérêts envers les avoués, parce que la rédaction et l'apposition des placards rentrent dans ses attributions, et qu'il n'avait pas à examiner si le mode d'adjudication adopté était ou n'était pas régulier.— Cette solution semble contestable. L'huissier n'était pas libre de prêter son ministère pour une procédure qui ne le comportait pas. Voy. Chauveau, *J. Av.*, t. 84, p. 80.

§ 2. — RESPONSABILITÉ DÉRIVANT DE PRESCRIPTIONS SPÉCIALES.

550. **Actes nuls ou frustratoires.** — La responsabilité des huissiers est établie par des dispositions expresses de la loi dans quelques cas particuliers. — Ainsi, d'abord, en matière civile, l'art. 71, Cod. proc., porte que « si un exploit est déclaré nul par le fait de l'huissier, celui-ci peut être condamné aux frais de l'exploit et de la procédure annulée, sans préjudice des dommages-intérêts de la partie, suivant les circonstances ». Et, d'un autre côté, l'art. 1031 du même Code, dont j'ai rappelé et expliqué les dispositions dans la première partie, n°s 163 et suiv., régit les huissiers aussi bien que les avoués.

551. En matière criminelle, dans le cas où soit la Cour de cassation, soit une Cour d'appel annule une instruction, pour des fautes très graves, elle peut, aux termes de l'art. 415, Cod. instr. crim., ordonner que les frais de la procédure à recommencer seront à la charge de l'officier qui aura commis la nullité. Cette dernière disposition sera l'objet de quelques explications un peu plus loin, sous la rubrique *Procédure criminelle*, n°s 596 et suiv.

552. Les frais d'un exploit nul par le fait de l'huissier doivent nécessairement être mis à la charge de celui-ci ; tandis que la condamnation de l'huissier à des dommages-intérêts est purement facultative pour les juges, qui apprécient souverainement s'il existe un préjudice qui doive être réparé. Caen, 5 avril 1840 (*J. Av.*, t. 72, p. 354) et 14 janvier 1854 (Journ. de cette Cour, 1854, p. 52); Paris, 5 nov. 1846 (*J. H.*, t. 28, p. 75); Toulouse, 13 juill. 1850 (*Id.*, t. 31, p. 327); Montpellier, 8 juill. 1850 et 13 janv.

1854 (*Id.*, t. 32, p. 323, et t. 36, p. 334); Trib. civ. de la Seine, 29 août 1873 (*Id.*, t. 55, p. 95); Chauveau, quest. 377. — Compar. 1re part., n° 174.

553. Toutefois, les frais d'un acte annulé ne doivent être mis à la charge de l'officier ministériel qui l'a fait, qu'autant qu'on peut lui reprocher une faute résultant de son impéritie, de sa négligence ou de son imprudence ; cette condamnation ne peut l'atteindre, si la nullité provient de l'inobservation d'une formalité à l'égard de laquelle la jurisprudence et la doctrine sont incertaines. Toulouse, 10 juin 1825 (*J. H.*, t. 8, p. 223).

554. Quant aux dommages-intérêts, les juges ne peuvent y condamner l'huissier, en mettant à sa charge les frais d'un acte de son ministère dont ils prononcent la nullité, que s'ils reconnaissent que cet officier ministériel a causé à la partie un préjudice certain et appréciable. C'est ainsi qu'un arrêt de la Cour de Colmar du 15 juin 1877 (*J. Av.*, t. 83, p. 111) a refusé de prononcer contre un huissier dont il déclarait un acte nul une condamnation à des dommages-intérêts, par le motif qu'au fond la partie pour laquelle il avait instrumenté n'eût pas obtenu gain de cause.

555. L'existence et l'étendue de la responsabilité de l'huissier, dans le cas d'annulation d'un acte d'appel, dépendent de l'opinion que conçoivent les juges sur le mérite de l'appel au fond. L'huissier ne peut être condamné à aucuns dommages-intérêts, s'ils estiment que le jugement frappé d'appel eût dû être confirmé ; il ne doit alors que supporter les frais de l'acte d'appel annulé, ceux occasionnés par sa mise en cause, et, à la rigueur, une partie du coût de l'arrêt. Voy. les arrêts susmentionnés des Cours de Nancy, de Riom et de Nîmes. *Adde* Montpellier, 13 janv. 1854 (*J. H.*, t. 36, p. 334); Grenoble, 3 déc 1864,

et 15 juin 1875 (*Id.*, t. 46, p. 136, et t. 58, p. 91) ; Caen, 16 mars 1864 (*Id.*, t. 48, p. 116). Mais si la Cour d'appel reconnaît, au contraire, que la décision des premiers juges eût dû être confirmée, elle peut, comme l'a jugé un arrêt de la Cour de Besançon du 23 fév. 1880 (*J. H.*, t. 62, p. 20), condamner l'huissier tout à la fois à des dommages-intérêts et à tous les dépens de première instance et d'appel.

556. Si l'huissier, chargé de former une demande en dommages-intérêts, ne précise pas, dans l'exploit d'ajournement, la date du fait dommageable, il peut être déclaré passible tant des frais de l'exploit annulé à raison de cette omission et de la procédure qui a suivi, que des dommages-intérêts envers son client, alors surtout qu'il avait reçu de ce dernier toutes les indications nécessaires pour la rédaction régulière de l'acte. Cass., 15 juill. 1879 (S. 79. 1. 357).

557. Mais l'erreur commise, dans la copie d'un exploit d'ajournement, sur la date de la comparution de la partie assignée, n'est pas une cause de nullité de l'exploit, et n'expose point l'huissier à une condamnation soit aux frais, soit à des dommages-intérêts, lorsque l'ensemble des énonciations de la copie permet à la partie assignée de reconnaître l'erreur et de la rectifier. Compar. Bordeaux, 19 juin 1832 (Dalloz, v° *Exploit*, n° 568); Chauveau, quest. 325 *bis;* mon *Formul, annot.*, t. 1ᵉʳ, p. 162, n° 8.

558. On doit approuver un arrêt de la Cour de Grenoble du 12 mai 1853 (*J. H.*, t. 35, p. 310) qui a décidé que la constitution d'avoué ne devant pas être assimilée aux mentions qui, comme celles de la date de l'exploit, de la personne à laquelle la copie est laissée, etc., sont exclusivement du ministère de l'huissier, mais étant un mandat

qui doit émaner de la partie requérante, il s'ensuit que la constitution, dans un acte d'appel, par exemple, d'un avoué décédé ou démissionnaire, ne peut rendre l'huissier responsable de la nullité qui en résulte, qu'autant qu'ayant connaissance du décès ou de la démission, il n'en aurait pas averti son client.

559. Mais on ne saurait aller jusqu'à admettre, avec un arrêt de la Cour de Toulouse du 7 août 1848 (*J. H.*, t. 29, p. 299), et un arrêt de la Cour de Nîmes du 30 avril 1850 (S. 50. 2. 513), que l'huissier n'est pas garant de la nullité d'un exploit résultant du défaut de constitution d'avoué. La première de ces décisions émet une théorie évidemment erronée, lorsqu'elle dit que la garantie dont les huissiers sont tenus, à raison des irrégularités ou omissions que présentent les actes faits par eux, ne s'étend point à la constitution d'avoué, parce que la partie seule peut indiquer à l'huissier quel est, parmi les avoués de la juridiction où l'action doit être portée, celui qu'elle veut investir de sa confiance. Il n'appartient pas, sans doute, à l'huissier de désigner, sans l'aveu de son client, l'avoué qui doit occuper pour celui-ci ; mais il est de son devoir de provoquer cette désignation de la part du client lui-même, et d'attendre cette désignation avant de signifier l'exploit, au lieu d'omettre la constitution d'avoué dans un acte où elle doit être faite à peine de nullité ; et s'il prend ce dernier parti, il assume nécessairement la responsabilité des conséquences de l'irrégularité qu'il commet. Mieux vaudrait encore, s'il y avait urgence et péril en la demeure, qu'il constituât un avoué de son choix. Caen, 5 avril 1840 (S. 48. 2. 622, note). — Compar. Dalloz, v° *Huissier*, n° 98 ; Chauveau, quest. 377.

560. Il est bien évident que l'action en responsabilité n'est ouverte contre l'huissier, à raison de la nullité d'un

acte de son ministère, qu'après que cette nullité a été prononcée par un jugement. Poitiers, 2 fév. 1825 (*J. H.*, t. 7, p. 157).

561. Le tribunal qui déclare nulle une citation, ne peut condamner l'huissier aux frais de cet acte, sans qu'il ait été ni entendu, ni appelé. Liège, 9 nov. 1843 (Dalloz, v° *Huissier*, n° 103). — Compar. 1re part., n° 189.

562. Un tribunal, en annulant une saisie comme vexatoire, et en suspendant de ses fonctions l'huissier qui l'a faite, ne peut ordonner l'affiche de cette dernière disposition de son jugement, si le saisi ne l'a pas requise à titre de dommages-intérêts. Bruxelles, 10 nov. 1819 (S., coll. nouv., 6. 2. 148).

563. **Contraventions aux lois fiscales.** — Une amende de 25 fr. est encourue par l'huissier qui signifie des copies de pièces illisibles, incorrectes ou portant des abréviations (Décr. 19 août 1813, art. 2; L. 2 juill. 1862, art. 20), ou des copies contenant un nombre de lignes ou de syllabes supérieur à celui que détermine l'art. 1er du décret du 30 juill. 1862 (L. 2 juill. 1862, même art.)

564. La copie d'un état d'inscriptions produit à l'appui d'un dépôt à la Caisse des consignations n'est pas soumise à l'application des dispositions de la loi et du décret de juillet 1862, relatives au nombre de lignes et de syllabes, si elle n'est pas signifiée. Dans le cas où elle vient à l'être, ce n'est pas à l'avoué qui l'a préparée, mais à l'huissier qui a fait la signification, qu'incombe la responsabilité des contraventions commises. Solut. de l'admin. de l'enregistr., 24 juin 1868 (*J. H.*, t. 50, p. 163).

565. L'art. 20 de la loi de finances du 2 juill. 1862 et le décret du 30 juillet suivant, déterminant, celui-ci le nombre de lignes et de syllabes que doivent contenir

les copies des exploits, et celui-là l'amende encourue par les huissiers en cas de contravention, sont applicables aux registres des protêts. Circul. du ministr. de la just., 19 févr. 1867 (*J. H,.* t. 48, p. 134) ; Instr. de la Régie de l'enregist., 10 avr. 1867 (*Ib.*, p. 156).

566. A la différence de la contravention résultant de ce que les copies de pièces produites sont illisibles, celle qui consiste en ce que ces copies présentent un excédent de nombre de lignes, ne peut être poursuivie que selon le mode déterminé par les art. 31 et 32 de la loi du 13 brumaire an VII ; elle ne saurait être punie, sur la seule réquisition du ministère public, par la Cour ou le tribunal devant lequel les pièces sont produites. Douai, 26 mars 1835 (*J. H.*, t. 16, p. 276) ; Cass., 15 févr. 1841 (*Id.*, t, 22, p. 219) ; Nicias Gaillard, *des Copies de pièces*, p. 46 et suiv. ; mon *Mémorial du Ministère public*, v° *Huissier*, n° 5.

567. Du reste, en ce qui concerne les pièces illisibles, le droit du ministère public n'est pas restreint à la réquisition de la prononciation de l'amende à l'audience ; il peut aussi poursuivre l'huissier par citation directe. Cass., 17 déc. 1828 (*J. H.*, t. 10, p. 126 ; S., coll. nouv., 9. 1. 202) ; mon *Mémor. du Minist. publ.*, *verb. cit.*, *n° 6*.

568. Les blancs que les huissiers laissent dans leurs exploits ne leur font encourir aucune amende ; à moins que ces blancs n'aient pour effet de rendre l'acte incorrect et inintelligible, ce qui pourrait entraîner l'application des art. 1 et 2 du décret du 29 août 1813 et de l'art. 20 de la loi du 2 juill. 1862.

569. Il y a contravention à l'art. 42 de la loi du 22 frimaire an VII, qui interdit aux officiers publics et ministériels de faire ou rédiger un acte en vertu d'un acte sous seing privé non enregistré, de la part de l'huissier qui,

dans un acte de son ministère, énonce comme verbale une convention dont la nature et l'importance font présumer qu'elle a été rédigée par écrit, alors surtout que l'existence de l'écrit a été depuis rendue certaine par sa présentation à l'enregistrement. Trib. de Mantes, 25 févr. 1876 (*J. H.*, t. 56, p. 253). Voy. aussi Garnier, *Répert. de l'enregistr.*, n° 1171, et les décisions mentionnées *ibid.*

570. La preuve qu'un huissier a contrevenu à l'art. 42 en signifiant un exploit en conséquence d'un acte sous seing privé non enregistré, bien que cet acte n'y soit pas mentionné, ne peut résulter d'un certificat délivré par la partie à la requête de laquelle il a instrumenté, et constatant qu'elle lui avait remis l'acte avant la signification de l'exploit ; c'est dans l'exploit lui-même que doit se trouver cette preuve. Trib. de Saint-Dié, 11 avril 1832 (*J. H.*, t. 15, p. 165).

571. L'huissier qui, en tête d'un exploit, donne copie d'un exploit antérieur, n'est nullement tenu de justifier que l'original de ce premier exploit a été enregistré. Si le receveur d'enregistrement veut avoir la preuve que cet original a été soumis à la formalité, il peut user du droit que lui confère l'art. 56 de la loi du 22 frim. an VII, de réserver pendant vingt-quatre heures l'exploit qui lui a été remis, pour s'en procurer une collation en forme, qui lui permette de découvrir les droits dus ; mais il ne lui appartient pas d'exiger de l'huissier le paiement d'une amende pour l'absence d'une justification que celui-ci n'a ni le devoir, ni même en certains cas la possibilité de lui fournir.

572. L'huissier qui signifie un exploit en vertu d'actes qu'il dit adirés, sans mentionner que ces actes aient été enregistrés, est passible de l'amende prononcée par l'article 42 de la loi du 22 frim. an VII, sans pouvoir se

soustraire à cette amende par le paiement des droits dus sur les actes prétendus adirés. Cass., 5 mai 1846 (S. 46. 1. 632) ; Trib. civ. de la Seine, 11 nov. 1852 (*J. H.*, t. 35, p. 12).

573. Il est constant que l'officier ministériel qui fait un acte de son ministère en vertu d'un acte sous signature privée, ou passé à l'étranger, sans que cet acte ait été enregistré, ne peut être actionné comme débiteur direct, mais seulement comme responsable des droits dont cet acte est passible, et qu'il est dès lors fondé à exiger que son mandant soit préalablement poursuivi et discuté. Cass., 3 juillet 1811 ; Trib. de Chaumont, 1er août 1844 ; Trib. de Mende, 13 mai 1863 ; Trib. de Péronne, 16 juillet 1869 ; Trib. de Versailles, 28 juillet 1874 ; Trib. de Saint-Etienne, 6 déc. 1876 (*J. H.*, t. 59, p. 122).

574. Un huissier contrevient à l'art. 44 de la loi du 22 frim. an VII, lorsqu'il se borne à indiquer que l'acte sous seing privé en vertu duquel il procède a été enregistré par le percepteur qui a perçu les droits, sans transcrire littéralement la quittance. Décis. du Min. des fin., 24 mai 1808. Mais il en est autrement, s'il annexe l'acte à son exploit. Autre décis. du Min. des fin., 6 mai 1833.

575. L'huissier est tenu de faire enregistrer les exploits qu'il signifie, non seulement au droit fixe, mais encore aux droits proportionnels, lorsqu'ils donnent ouverture à ces droits ; mais il peut se refuser à les notifier tant que les parties ne lui auront pas remis la somme nécessaire pour acquitter les droits en question, dont il ne saurait être tenu de faire l'avance. Trib. de Verdun, 2 déc. 1854 (*J. de proc.*, 1855, p. 276).

576. L'huissier doit, sous peine d'une double amende,

soumettre à la formalité de l'enregistrement et porter au répertoire les décharges qui lui sont données par les saisissants. La première obligation lui est imposée par un avis du Conseil d'Etat du 21 oct. 1809 ; la seconde résulte du caractère même des décharges, qui sont des actes du ministère de l'huissier, puisque c'est lui qui les constate et leur imprime le caractère de l'authenticité.

577. Les officiers ministériels étant responsables du dommage causé par leurs clercs dans les fonctions qu'ils leur confient (V. *suprà*, n° 417), peuvent être actionnés en paiement de l'amende encourue par ceux-ci pour avoir délivré, en contravention à la loi du timbre, une quittance de frais. Trib. civ. d'Avallon, 28 nov. 1877 (*J. H.*, t. 61, p. 22).

578. **Désaveu.** — Il est constant que les huissiers sont, comme les avoués, soumis à l'action en désaveu, à raison des offres, aveux ou consentements par eux faits, donnés ou acceptés sans pouvoir spécial, et passibles, dans le cas où le désaveu est admis, des sanctions édictées par l'art. 360, Cod. proc. civ. Je ne puis indiquer ici toutes les hypothèses dans lesquelles la jurisprudence a déclaré le désaveu admissible ou inadmissible contre les huissiers ; je signalerai seulement quelques-unes des solutions les plus importantes.

579. Je citerai d'abord un arrêt de la Cour de cassation du 3 août 1840 (*J. H.*, t. 21, p. 385 ; S. 40. 1. 924), qui a posé ce principe essentiel, que, dans tous les cas où l'huissier agit en cette qualité dans le cercle de ses attributions, pour l'exécution d'un titre dont il est porteur, il oblige par son fait le créancier, de telle sorte que celui-ci ne peut méconnaître ce fait qu'en prenant la voie du désaveu.

580. Cet arrêt décide, en outre, et non moins exactement, que la voie du désaveu, au contraire, n'est point

nécessaire, et que les règles ordinaires du mandat sont seules applicables, lorsque l'huissier a agi en dehors du cercle de ses attributions et en opposition avec le titre qu'il détient, comme si, par exemple, il a reçu, en qualité de mandataire officieux du créancier, des effets de commerce en paiement d'une créance dont le montant était exigible en espèces monnayées.

581. L'huissier qui, sans pouvoir spécial, a signifié un exploit contenant un consentement, que l'avoué lui a remis tout préparé, peut-il être, pour ce fait, désavoué et frappé des condamnations prescrites par l'art. 360, Cod. proc. ? Un arrêt de la Cour de Bruxelles du 7 juill. 1820 et un arrêt de la Cour de Bordeaux du 16 juill. 1852 ont décidé qu'en pareil cas l'avoué seul peut être soumis à l'action en désaveu. La Cour de Chambéry, au contraire, par un arrêt du 9 août 1876 (*J. H.*, t. 58, p. 204), a déclaré que le désaveu doit atteindre principalement l'huissier, mais en ajoutant très sagement que ce dernier doit être relevé de la condamnation prononcée contre lui par l'avoué qui a rédigé l'exploit et lui en a confié la signification.

582. Il est hors de doute que l'action en désaveu ne peut atteindre l'huissier qui a fait une notification de contrat à des créanciers inscrits, alors que, d'un côté, il se trouvait couvert par l'ordonnance du président du tribunal qui l'avait commis pour cette notification, et que, d'un autre côté, l'acte de notification lui avait été remis par l'avoué qui avait provoqué cette ordonnance, et qu'il était autorisé à croire investi du mandat de procéder à la purge des hypothèques inscrites. Bruxelles, 11 janv. 1854 (*J. H.*, t. 35, p. 180).

583. Un huissier ne peut être désavoué pour avoir ajouté, dans un commandement tendant à saisie-exécu-

tion, à la requête d'une partie non domiciliée dans la commune du débiteur, qui lui a été remis tout préparé, une élection de domicile en cette commune, conformément à l'art. 584, Cod. proc., parce que cette élection de domicile n'est pas une formalité qui exige un mandat spécial, et que le pouvoir de la faire résulte suffisamment pour l'huissier du mandat même qui lui est donné de signifier le commandement. Orléans, 25 janv. 1849 (*J. H.*, t. 30, p. 293).

584. Que l'huissier qui, sur la simple indication d'un tiers et sans mandat de la partie pour laquelle ce tiers lui a dit de procéder, délivre une assignation qui a donné lieu contre lui au désaveu, soit passible des conséquences de sa faute, cela est d'évidence. Voy. en ce sens, Paris, 5 mai 1876 (*J. Av.*, t. 103, p. 423).

585. L'huissier, désavoué pour avoir signifié, sans en avoir reçu le pouvoir, une opposition à un jugement commercial par défaut, n'a de recours en garantie, à raison de la condamnation à des dommages-intérêts qu'il a subie par suite de ce désaveu, que contre le tiers qui l'a chargé de signifier l'opposition, et non contre l'avoué dans l'étude duquel a été rédigé l'acte d'opposition que ce tiers lui a remis tout préparé, ni contre l'avoué auquel celui-ci l'avait invité à envoyer l'original afin de défendre l'opposant devant le tribunal de commerce, mais qui ne s'est pas présenté. Trib. civ. de Nîmes, 10 janv. 1863 (*J. H.*, t. 44, p. 130).

586. La partie qui, dans ce cas, désavoue l'huissier, sous prétexte que le tiers qui lui a donné mandat de signifier l'opposition n'avait pas qualité à cet effet, doit non seulement être déclarée non recevable dans son action, mais encore être condamnée à des dommages-intérêts envers l'huissier, s'il résulte des circonstances soit

antérieures, soit postérieures à la signification de l'opposition que cet officier ministériel a cru légitimement à la qualité du tiers qui l'a chargé d'instrumenter, et qu'il n'a pas pu ni dû agir autrement qu'il ne l'a fait. Nîmes, 21 juill. 1863 (*J. H.*, t. 44, p. 288).

587. Un huissier n'est pas passible de désaveu pour avoir notifié, sans réserves, un jugement, en se conformant aux instructions qui lui avaient été données par un avoué ayant reçu le pouvoir d'acquiescer. Ces instructions ont constitué pour lui un mandat spécial l'autorisant suffisamment à procéder ainsi. Liège, 18 avril 1877 (*J. Av.*, t. 104, p. 447).

588. Les tribunaux peuvent, tout en déclarant le désaveu valable, rejeter, par appréciation des circonstances de la cause, la demande en dommages-intérêts formée contre l'officier ministériel désavoué. Les expressions de l'art. 360 : *suivant la gravité du cas et la nature des circonstances*, s'appliquent à la condamnation aux dommages-intérêts comme aux autres sanctions édictées par cet article, qui témoigne par là que le législateur n'a point entendu déroger ici au principe suivant lequel c'est au juge du fait qu'il appartient de décider s'il existe un préjudice pouvant donner lieu à des dommages-intérêts. Cass., 27 août 1835 (*J. H.*, t. 17, p. 42). En l'absence de préjudice, ou tant que l'existence d'un préjudice n'est pas établie, une condamnation à des dommages-intérêts ne peut être prononcée contre l'officier ministériel désavoué. Toulouse, 28 avril 1841 ; Orléans, 8 janv. 1853 (*J. Av.*, t. 78, p. 199) ; Chauveau, Suppl., quest. 1317 *bis* ; Bourbeau, t. 5, p. 312.

589. Toutefois, il n'est pas nécessaire qu'un acte cause un préjudice *actuel* à une partie, pour que celle-ci puisse désavouer l'officier ministériel dont il est l'œuvre ; un

13

préjudice *éventuel* suffit pour justifier l'action en désaveu. Ainsi, un officier ministériel ne saurait écarter cette action, sous prétexte que l'exception tirée de l'acte qui y donne lieu n'a pas encore été accueillie. Bruxelles, 25 sept. 1821 (Dalloz, v° *Désaveu*, n. 121).

590. Mais au moins faut-il qu'un préjudice soit possible. Par conséquent, le désaveu dirigé contre un officier ministériel doit être rejeté comme ne reposant sur aucun intérêt, soit lorsque la partie qui pourrait tirer avantage des actes donnant lieu au désaveu déclare consentir à ce qu'ils soient considérés comme non avenus. Cass., 12 août 1841 (S. 41. 1. 863); soit lorsque, sans les offres, aveux ou consentements faits, donnés ou acceptés, la partie eût toujours été condamnée. Besançon, 4 août 1808 (*J. Av.*, t. 5, p. 167).

591. Il résulte des termes mêmes de l'art. 360, Cod. proc., que le désaveu peut être formé postérieurement au jugement rendu sur les actes attaqués par cette voie. Cass., 27 août 1835 (*J. H.*, t. 17, p. 42).

592. Quant au désaveu formé incidemment à une instance, il cesse d'être recevable, si la péremption de cette instance vient à être prononcée, parce que les offres, aveux ou consentements renfermés dans les actes de la procédure éteinte disparaissent avec ces actes eux-mêmes. Chauveau, Suppl., quest. 1307 ; Bourbeau, t. 5, p. 288.

593. **Faits de charge.** — J'ai donné, dans la première partie, n°ˢ 211 et suiv., au sujet des faits de charge des officiers ministériels, des explications auxquelles je ne puis, ici, que renvoyer le lecteur. Mais j'y dois ajouter les solutions ci-après qui concernent particulièrement les huissiers.

594. Un huissier commet un fait de charge, lorsqu'il

détourne des fonds reçus par lui du débiteur d'un billet à ordre, à la suite du protêt et de l'assignation à fin de paiement qu'il a signifiés à ce dernier. Cass. 14 mars 1849 (*J. H.*, t. 31, p. 24 ; S. 49. 1. 508).

595. Au contraire, le détournement commis par un huissier du montant d'effets de commerce qu'il a encaissés pour un banquier autrement que par la présentation le lendemain du jour de l'échéance, ne constitue point de sa part un fait de charge. En effet, la présentation préalable au protêt incombe au porteur et non à l'huissier ; si cet officier ministériel s'acquitte de ce soin, c'est donc en se constituant le mandataire officieux du porteur et en dehors du cercle de ses attributions. Voy. la circulaire du ministre de la justice du 20 juin 1882 (*J. H.*, t. 63, p. 215). Par conséquent, c'est aussi comme mandataire ordinaire, et non comme huissier, qu'il encaisse le montant des effets présentés par lui ; et le détournement qu'il commet des fonds ainsi recouvrés ne saurait constituer l'acte prévu par l'art. 1er de la loi du 25 nivôse an XIII, qui exige une condamnation prononcée par suite de l'exercice des fonctions.

596. **Procédure criminelle.** — L'art. 415, Cod. instr. crim., aux termes duquel lorsque la Cour de cassation ou une Cour d'appel annule une instruction, elle peut, pour fautes très graves, mettre les frais de la procédure à recommencer à la charge de l'officier qui aura commis la nullité, a été appliqué par une jurisprudence constante au cas où, dans la notification de la liste des jurés, l'huissier a commis des erreurs ou des inexactitudes qui ont entraîné la cassation de l'arrêt de condamnation. Voy. les nombreux arrêts mentionnés par Dalloz, vᶦˢ *Huissier*, n° 193, et *Responsabilité*, n° 476.

597. Les frais qui, en vertu de cet art. 415, peuvent

être mis à la charge de l'huissier sont, non point ceux de la procédure annulée, mais ceux de la procédure à recommencer devant la Cour de renvoi. Cass., 1er juin 1844 (S. 44. 1. 862).

598. L'huissier déclaré responsable est d'ailleurs constitué débiteur principal des frais envers le Trésor, et non pas seulement débiteur subsidiaire ou garant de la solvabilité de l'accusé; en sorte qu'il ne peut exercer aucun recours contre celui-ci. Même arrêt.

599. L'huissier qui, faute de s'être strictement conformé aux énonciations d'un mandat d'amener, a arrêté, dans un domicile différent de celui qui était désigné, un individu pour un autre, est incontestablement passible de dommages-intérêts envers la victime de cette méprise. Nancy, 12 mai 1846 (D. p. 46. 2. 121).

§ 3. — EXERCICE ET JUGEMENT DE L'ACTION EN RESPONSABILITÉ.
— COMPÉTENCE.

600. La partie à la requête de laquelle a été signifié un exploit dont la nullité est demandée, n'est pas obligée, pour être admise à exercer son recours contre l'huissier, d'appeler celui-ci en garantie dans l'instance où est invoquée cette nullité ; elle conserve le droit d'exercer ultérieurement contre lui une action en responsabilité, sur laquelle il pourra faire valoir tous les moyens qu'il aurait été à même de présenter en faveur de la régularité de l'acte, s'il avait été appelé à le défendre conjointement avec la partie. Trib. civ. de Bruxelles, 29 nov. 1851 (*J. B.*, t. 33, p. 46).

601. Des membres d'une communauté d'huissiers, quoique ne représentant pas celle-ci, sont recevables à

exercer, en leur nom personnel, soit chacun isolément, soit collectivement, une action en dommages-intérêts contre un autre membre de la communauté, à raison du préjudice que leur a causé un fait illégal de ce dernier. Le défendeur n'est pas fondé à se plaindre de la forme collective donnée à la demande, car, outre que ce mode de procéder offre l'avantage d'une économie considérable de frais, il ne présente aucun inconvénient pour le défendeur, puisque celui-ci a toujours la faculté de discuter, à l'encontre de chacun des demandeurs, le principe et l'importance des dommages-intérêts, et d'opposer à chacun les compensations et les exceptions qui lui seraient personnelles. Toulouse, 18 janv. 1866 (*J. H.*, t. 47, p. 101 ; Lyon, 22 fév. 1877 (*Id.*, t. 58, p. 114) ; Trib. civ. de Versailles, 30 mai 1879 (*Id.*, t. 60, p. 212).

602. Le principe de l'indépendance des actions publique et civile et de l'action disciplinaire, déjà rappelé plus haut, n° 343, a été appliqué par un arrêt de la Cour de Lyon du 22 fév. 1877 (*J. H.*, t. 58, p. 114), qui a décidé que le tribunal civil est compétent pour statuer sur une demande en dommages-intérêts formée par des huissiers contre certains de leurs confrères à raison d'agissements irréguliers imputés à ceux-ci, bien que ces faits n'aient été poursuivis ni criminellement ni disciplinairement.

603. Les condamnations à des amendes, restitutions ou dommages-intérêts ne peuvent être prononcées contre les huissiers, pour faits relatifs à leurs fonctions, que par le tribunal de première instance du lieu de leur résidence, à l'exception du cas où des copies illisibles de jugement ou d'arrêt, émanées d'eux, sont produites devant une autre juridiction (Décr. 14 juin 1813, art. 73 ; Décr. 29 août 1813, art. 2).

604. Il résulte de l'art. 73 du décret du 14 juin 1873 que

le tribunal compétent pour connaître des demandes en dommages-intérêts et restitutions formées contre les huissiers à raison de faits accomplis dans l'exercice de leurs fonctions, est le tribunal de première instance, bien que le montant de la réclamation rentre dans les limites de la juridiction de juge de paix. Cass., 29 juin 1840 (S. 40. 1. 892) et 25 avril 1853 (*J. H.*, t. 34, p. 268 ; S. 53. 1. 506), ou alors même que le recours contre l'huissier est formé incidemment à une demande principale dont le juge de paix ou le tribunal de commerce se trouve régulièrement saisi. Cass., 19 juill. 1814 et 28 août 1840 (S. 15. 1. 9 ; 40. 1. 893) ; Amiens, 18 mars 1882 (S. 83. 2. 152).

605. Il a même été jugé que l'art. 73 du décret du 14 juin 1813 déroge d'une manière si absolue au droit commun, qu'il s'oppose à ce que l'action en garantie dirigée contre un huissier, relativement à des faits concernant ses fonctions, soit exercée devant le tribunal saisi de la demande principale. Paris, 30 mai 1842 (*J. H.*, t. 23, p. 142).

606. Et il a été décidé spécialement qu'un avoué près une Cour d'appel ne peut, sur la demande en paiement de frais intentée par lui contre une partie, appeler en garantie directement devant la Cour un huissier entre les mains duquel cette partie prétend s'être libérée. Bordeaux, 19 févr. 1839 (S. 39. 2. 332).

607. Mais la jurisprudence admet généralement, en sens contraire, que l'action en garantie formée, à raison de la nullité d'un acte d'appel, contre l'huissier qui l'a notifié, est compétemment portée devant la Cour saisie de l'appel, parce que l'art. 73 précité n'a en vue que le cas spécial où l'officier ministériel est actionné directement et par voie de demande principale en réparation

de la faute qu'on lui impute. Voy. Rennes, 20 févr. 1828 (*J. H.*, t. 91, p. 253); Grenoble, 14 décembre 1833 (*Id.* t. 14, p. 266); Bastia, 31 mars 1835 (*Id.*, t. 26, p. 171); Toulouse, 13 juill. 1850 (*Id.*, t. 31, p. 327); Nancy, 27 déc. 1854 (*Id.*, t. 36, p. 85); Riom, 25 juin 1844 (*Id.*, t. 26, p. 45) et 7 fév. 1859 (*Id.*, t. 40, p. 215); Nîmes, 10 févr. 1859 (*Id.*, t. 41, p. 40); Besançon, 23 févr. 1880 (*Id.*, t. 62, p. 20). Et Compar. Cass., 3 déc. 1856 (*Id.*, t. 38, p. 97).

608. Le pouvoir des juges d'appel de statuer sur la demande en garantie est surtout incontestable, soit lorsque, comme dans l'espèce de l'arrêt de la Cour de Besançon, l'huissier intervient spontanément devant eux pour déclarer qu'il ne s'oppose pas à ce qu'ils apprécient cette demande; soit quand, assigné en garantie devant la Cour, à raison de la nullité de l'acte d'appel, il n'a pas demandé son renvoi devant le tribunal de première instance. Cass., 20 juill. 1830 (*J. H.*, t. 11, p. 317; S., coll. nouv., 9. 1. 560).

CHAPITRE II

Discipline des Huissiers.

§ 1. — Pouvoir disciplinaire et faits de discipline.

609. Il n'est pas besoin de démontrer combien il importe à la dignité et à la bonne administration de la justice que les huissiers, ses auxiliaires les plus indispensables, remplissent scrupuleusement les devoirs que leur ministère leur impose, et s'abstiennent avec un soin rigoureux de tout ce qui pourrait jeter sur eux et faire rejaillir sur la corporation tout entière une déconsidération qui ne serait pas sans diminuer chez les justiciables le respect dû à la loi. Pour assurer, autant que possible, le fidèle accomplissement des obligations professionnelles de la part des huissiers, le législateur a soumis ces derniers à une surveillance du ministère public et à une action du pouvoir disciplinaire qui leur sont en très grande partie communes avec les autres officiers ministériels, mais qui, en certains points, se manifestent d'une façon particulière à leur égard.

610. Dans le chapitre II de la 1re partie, j'ai exposé beaucoup de règles qui sont applicables soit à tous les officiers ministériels en général, soit particulièrement aux avoués et aux huissiers à la fois. J'indiquerai dans le présent chapitre celles qui régissent spécialement les huissiers.

611. Le procureur général et le procureur de la République peuvent, en vertu du droit de surveillance dont ils sont investis à l'égard des officiers ministériels du ressort ou de l'arrondissement (L. 20 avril 1810, art. 45), mander auprès d'eux, pour obtenir leurs explications, les huissiers auxquels des faits repréhensibles sont imputés. Mais ces derniers ne commettent aucune faute et n'encourent aucune peine en ne répondant pas à cet appel. Voy., sur ce point, ce que j'ai dit dans la 1re partie. n° 272.

612. Les huissiers sont « tenus, à peine de remplacement, de garder la résidence qui leur a été assignée » (Décr., 14 juin 1813, art. 16). Il suit de là que des poursuites disciplinaires peuvent être exercées, soit contre l'huissier qui instrumente en dehors de son arrondissement. Gand, 5 janv. 1870 (*J. H.*, t. 52, p. 210), ou même seulement hors du lieu de sa résidence. Montpellier, 7 mai 1867 (*Id.*, t. 48, p. 185); soit contre celui qui prête sa signature à un de ses confrères d'un autre arrondissement pour permettre à ce dernier de faire, hors de cet arrondissement et dans le lieu de sa propre résidence, des actes dont il partage avec lui les honoraires.

613. On pourrait, d'ailleurs, s'il en était besoin, argumenter encore à l'appui de ces solutions, des dispositions de l'art. 36 du décret précité de 1813 qui édictent une amende de 100 francs, élevée au double et accompagnée de destitution en cas de récidive, contre l'huissier qui charge un confrère d'une autre résidence d'instrumenter pour lui, à l'effet de se procurer un droit de transport qui ne lui aurait pas été alloué s'il eût instrumenté lui-même, et contre l'huissier qui lui prête sa signature.

614. Il résulte également de la prescription de l'art. 16 de ce décret rappelée plus haut, qu'un huissier ne peut

avoir hors du lieu de sa résidence une succursale de son étude, sans s'exposer à une poursuite disciplinaire (Arg. Trib. civ. de la Seine, 3 août 1849, *J. H.*, t. 30, p. 215).

615. Toute dissimulation du prix de cession d'un office, tout engagement de payer, pour cette cession, un prix autre que celui stipulé dans le traité ostensible, sont des manquements aux devoirs professionnels qui exposent à des peines disciplinaires soit le cédant, soit le cessionnaire de l'office. Voy. *Encycl. des huiss.*, v° *Discipline*, n°⁵ 32 et suiv., et Compar. *suprà*, 1ʳᵉ part., n°ˢ 274 et suiv.

616. Relativement à l'application de l'art. 45 du décret du 14 juin 1813, qui, pour le défaut de remise par l'huissier lui-même des copies d'exploits à personne ou domicile, édicte contre cet officier ministériel une suspension de trois mois et une amende de 200 à 2,000 fr., indépendamment des dommages-intérêts des parties, je dois renvoyer aux explications que j'ai présentées dans le chapitre précédent, n°ˢ 479 et suiv., en les complétant toutefois par les solutions qui suivent.

617. L'huissier qui, ayant à signifier un exploit au procureur de la République, lui fait parvenir l'original et la copie par un tiers, et déclare néanmoins sur la copie qu'il la lui a remise personnellement, en parlant à lui-même, encourt les peines prononcées par l'art. 45 précité, alors même que le procureur de la République n'a pas apposé son visa sur l'original; on prétendrait à tort qu'en raison de l'absence de ce visa, l'acte est resté incomplet et n'a pu, dès lors, tomber sous l'application de l'art. 45. Agen, 25 août 1847 (S. 47. 2. 582).

618. De même, l'huissier qui remet la copie d'un exploit à la femme de celui que cet exploit concerne, rencontrée par lui hors du domicile commun, et qui cons-

tate néanmoins que la copie a été laissée à cet individu en son domicile, parlant à lui-même, contrevient à la prescription de l'art. 45 du décret de 1813, et se rend passible des peines prononcées par cet article. Nîmes, 24 juin 1852 (*J. H.*, t. 33, p. 325); Liège, 11 juill. 1861 (*Id.*, t. 45, p. 303).

619. Mais l'art. 45 n'est pas applicable à l'huissier qui, au lieu de remettre la copie d'un exploit à la personne à laquelle l'acte est destiné ou à son domicile, la remet au fils de cette personne dans un lieu autre que celui du domicile de celle-ci, quand cette remise est énoncée dans l'exploit telle qu'elle a été faite. Cass., 6 mai 1842 (*J. H.*, t. 33, p. 325; S. 42. 1. 854).

620. La contravention commise par un huissier à la prescription dont il s'agit ne peut être excusée ni à raison de l'impossibilité où l'huissier se serait trouvé momentanément de parvenir au domicile du destinataire de l'exploit. Cass., 25 mars 1836 (S. 36. 1. 567); ni sous prétexte de la bonne foi de cet officier ministériel, qui n'a d'autre effet que de le faire échapper à l'application de l'art. 146, Cod. pén. Même arrêt, ainsi que Cass., 8 janvier 1853 et 27 juin 1856 (*J. H.*, t. 34, p. 218, et t. 38, p. 21; S. 53. 1. 230); Nîmes, 24 juin 1852, et Liège, 11 juill. 1861, précités. — Mais Compar. *suprà*, n° 485.

621. Il ne saurait être douteux que l'huissier qui a contrevenu à l'art. 45 du décret du 14 juin 1813 ne puisse, après avoir subi la condamnation correctionnelle à laquelle le soumet cet article, être encore l'objet d'une poursuite disciplinaire. Riom, 1ᵉʳ déc. 1829 (*J. H.*, t. 11, p. 10). Il est en effet constant, comme je l'ai rappelé dans la première partie, n° 343, que l'action disciplinaire est entièrement indépendante de l'action publique.

622. Réciproquement, et en vertu du même principe,

l'arrêt d'une chambre des mises en accusation qui déclare n'y avoir lieu à suivre contre un huissier prévenu de n'avoir pas remis lui-même la copie d'un exploit, sur le fondement de l'absence de fraude de sa part, ne met pas obstacle à ce que cet huissier soit poursuivi disciplinairement pour le même fait. Cass., 1er mai 1829 (*J. H.*, t. 10,, p. 238 ; S., coll. nouv., 9. 1. 282). Compar. *suprà*, n°ˢ 480 et suiv.

623. Un simple fait de négligence peut-il entraîner une condamnation disciplinaire contre un huissier dont l'honêteté est parfaitement reconnue et dont la position de fortune présente la plus sérieuse garantie? La solution de cette question dépend d'un ensemble de circonstances dont l'appréciation appartient discrétionnairement aux juges. Si des faits de négligence sans gravité ne peuvent, dans les conditions que je viens d'énoncer, justifier aucune mesure rigoureuse contre l'huissier, l'importance et le nombre de ces faits seraient au contraire de nature à attirer sur lui les sévérités du pouvoir disciplinaire.

624. La remise que fait l'huissier d'une partie de ses émoluments aux avoués, notaires, agents d'affaires ou autres, soit en vue d'augmenter ou de maintenir le nombre des actes de son étude, soit dans toute autre intention, constitue un manquement à ses devoirs professionnels qui ne saurait échapper à l'action disciplinaire. Voy. notamment Trib. civ. de la Seine, ch. du cons., 24 nov. 1843 (*J. H.*, t. 25, p. 63) ; Cass., 29 déc. 1845 (*Id.*, t. 27, p. 113 ; S. 46. 1. 173).

625. Il en est de même de l'accord par lequel l'huissier consent à signifier, en en touchant les émoluments, des actes à la rédaction desquels il reste complètement étranger, et qui lui sont remis tout préparés sans que l'intérêt du client l'exige. L'huissier, en effet, compromet

manifestement sa dignité en se condamnant ainsi au rôle de simple porteur de copie. Voy. Trib. civ. de Charolles, ch. du cons., 4 juin 1844 (*J. H.*, t. 26, p. 129 et suiv.); Arrêté du ministr. de la just., 28 sept. 1846 (*Id.*, t. 27, p. 289).

626. En pactisant avec un notaire, pour faire de compte à demi une vente publique (de récoltes, par exemple) qui ne rentre point dans les attributions de ce dernier, l'huissier commet aussi une faute de nature à motiver contre lui l'application d'une peine disciplinaire. Cass., 8 févr. 1869 (*J. H.*, t. 50, p. 129 ; S. 69. 1. 172).

627. La démarche faite par un huissier auprès d'une maison de banque pour obtenir qu'elle lui accorde une partie de sa clientèle, dont un de ses confrères se trouve seul en possession, constitue de sa part, alors surtout qu'une délibération de la chambre des huissiers interdit à ceux-ci de chercher à s'attirer les clients de leurs confrères, un oubli répréhensible des devoirs qu'imposent à l'huissier sa dignité personnelle et les justes exigences de la confraternité, et peut conséquemment entraîner contre lui une condamnation disciplinaire.

628. Les fonctions d'huissier sont certainement incompatibles avec l'exercice du commerce. Rouen, 20 février 1852 (*J. H.*, t. 34, p. 43). La défense que l'art. 41 du décret du 14 juin 1813 fait aux huissiers de se livrer à certains genres de commerce déterminés n'est nullement restrictive, mais ne constitue que l'application à quelques cas particuliers d'une prohibition générale qui a son fondement dans l'obligation imposée à l'huissier par la nature même de son ministère, de s'abstenir de tout acte pouvant gêner son indépendance, compromettre son crédit et déconsidérer sa profession.

629. L'action disciplinaire peut dès lors atteindre l'huissier qui, sans y avoir été autorisé par le gouvernement (Décr. 14 juin 1813, art. 41 ; Cass., 26 sept. 1834, *J. H.*, t. 16, p. 246 ; S. 35. 1. 134), se livre à des opérations commerciales, de quelque genre qu'elles soient. Mais faut-il ranger parmi ces opérations les achats et reventes d'immeubles ? En règle générale, d'après l'opinion dominante, ce ne sont point là des actes commerciaux ; mais ils prennent ce caractère, lorsqu'ils ont manifestement la spéculation pour objet. Voy. notamment Cass., 6 juill. 1868 et 3 févr. 1869 (S. 68. 1. 395 ; 69. 1. 217). J'estime en conséquence qu'un huissier peut, sans encourir aucun blâme, opérer accidentellement des achats et reventes d'immeubles ; mais qu'il s'exposerait à des peines disciplinaires, soit en se livrant à de telles opérations d'une manière suivie, soit en faisant partie d'une société qui aurait pour objet de mettre en valeur des terrains acquis ou à acquérir, pour les revendre ensuite. — Compar. *suprà*, n° 298.

630. L'art. 38 du décret du 14 janv. 1813 interdit aux huissiers de se rendre, soit directement, soit indirectement adjudicataires des objets mobiliers qu'ils sont chargés de vendre, sous peine d'une suspension de trois mois et d'une amende de 100 fr. pour chaque article acheté, sans préjudice de plus fortes peines dans les cas prévus par le Code pénal. Et, de son côté, l'art. 175, Cod. pén., punit d'un emprisonnement de six mois au moins et de deux ans au plus, ainsi que d'une amende ne pouvant excéder le quart des restitutions ou des indemnités, ni être au-dessous du douzième, tout officier public qui, soit ouvertement, soit par des actes simulés, soit par interposition de personne, prend ou reçoit quelque intérêt que ce soit dans les adjudications dont il a,

en tout ou en partie, l'administration ou la surveillance.

631. Ces deux dispositions, loin de s'exclure mutuellement, se complètent l'une par l'autre, et peuvent être appliquées soit séparément, soit ensemble. Bruxelles, 5 août 1871 (*J. H.*, t. 52, p. 203). Suivant un auteur (Carnot, *Comment. du Cod. pén.*, sur l'art. 175, n° 3), l'huissier ne peut être atteint par l'art. 175, Cod. pén., que lorsque la vente à laquelle il a procédé a eu lieu en vertu d'une ordonnance de justice. L'arrêt précité de la Cour de Bruxelles ne fait point cette distinction, qui, en effet, n'est pas dans la loi et que rien n'autorise. La circonstance que l'huissier n'agit pas en vertu d'une ordonnance ou d'un jugement, ne modifie pas essentiellement son rôle au point de vue de la direction et de la surveillance de la vente, lesquelles lui appartiennent dans tous les cas.

632. Mais l'art. 175, Cod. pén., n'est point applicable à l'huissier qui vend aux enchères, sous son nom ou sous le nom d'un tiers, des meubles lui appartenant, encore bien que la salle de vente serait exploitée par lui-même. Bruxelles, 5 août 1871, précité.

633. Un huissier peut-il, sans manquer à ses devoirs professionnels, remplir les fonctions d'agent d'une compagnie d'assurances ? Il faut d'abord écarter l'objection qu'on pourrait vouloir tirer de la règle, rappelée plus haut, n° 628, suivant laquelle il est interdit aux huissiers de se livrer à des opérations de commerce. En effet, l'agent d'une compagnie d'assurances n'a nullement à s'occuper de ce genre d'opérations. On a prétendu, il est vrai, l'assimiler à l'agent d'affaires ; mais, d'un côté, tandis que l'agent d'affaires est celui qui se charge de gérer les affaires de tout le monde, l'agent d'une compagnie d'assurances ne traite que les affaires de cette com-

pagnie ; et, d'un autre côté, l'agent d'affaires lui-même n'est commerçant que si, au lieu d'opérer seul et sans bureau ouvert, il annonce ses services par certains signes extérieurs et emploie des intermédiaires, conditions qui ne sont point celles dans lesquelles procède un simple agent d'assurances.

634. Il reste à se demander si d'autres raisons s'opposent à ce que les huissiers représentent les compagnies d'assurances en qualité d'agents locaux. En principe, je n'aperçois aucune incompatibilité entre les fonctions d'huissier et celles qui consistent à recueillir des adhésions aux statuts d'une telle compagnie ; il n'y a dans ce concours aux opérations de celle-ci rien qui soit de nature ni à déconsidérer l'huissier, ni à engager sa responsabilité d'une manière fâcheuse.

635. Mais je me hâte d'ajouter qu'il en serait autrement, si, au lieu de rester dans ce rôle effacé, l'huissier devait représenter une compagnie d'assurances à titre d'agent principal, chargé d'encaisser les primes pour elle. Cette situation comporterait des agissements et entraînerait une responsabilité absolument inconciliables, selon moi, avec la dignité et l'indépendance professionnelles de l'huissier.

636. L'art. 627, Cod. comm., en punissant d'une amende de 25 à 50 francs l'huissier qui contrevient à la défense d'assister comme conseil ou de représenter les parties en qualité de procureur fondé, dans les causes portées devant les tribunaux de commerce, réserve l'application des peines disciplinaires contre l'huissier contrevenant. On s'est demandé si cette contravention existe de la part de l'huissier qui, après avoir signifié l'assignation à comparaître devant le tribunal de commerce, remet les pièces à un avocat pour y soutenir la demande de son

client, puis lève, notifie et exécute le jugement intervenu sur cette demande. La réponse ne pouvait être que négative. Voy. Harel, *J. H.*, t. 50, p. 243. — Compar. *infrà*, n° 653.

637. Un huissier encourt une condamnation disciplinaire, lorsque, ayant reçu de son client la totalité des frais qui lui sont dus et qu'un jugement a mis pour partie à la charge de ce client et pour le surplus à la charge de l'adversaire, il refuse l'offre que lui fait ce dernier de la portion de ces frais qu'il doit supporter ; puis, sans l'avoir préalablement averti, lui signifie, sur l'ordre de son client, un commandement de payer. Le devoir de l'huissier, en pareil cas, était de toucher, pour le compte de son client, ainsi qu'il en avait le droit, la portion de frais due et offerte par la partie adverse, au lieu d'obliger celle-ci, par son refus, à faire de nouvelles démarches pour s'acquitter ; et lorsque, faute d'avoir ainsi procuré à son mandant le remboursement de cette portion de frais, il a reçu de lui l'ordre de poursuivre ce remboursement, il était de son devoir aussi, en présence de la volonté de se libérer, que la partie adverse lui avait précédemment manifestée de ne pas commencer de poursuites contre elle avant de l'avoir informée de cet ordre, et de l'avoir invitée à payer sa dette soit entre les mains de son client, soit entre les siennes pour le compte de celui-ci.

638. Si, contrairement à l'obligation qui lui en est imposée, l'huissier, procédant à une saisie-brandon, ne se transportait pas sur les pièces de terre dont les récoltes sont saisies, il se rendrait passible d'une peine disciplinaire, surtout au cas où il constaterait néanmoins ce transport dans son procès-verbal. Voy. *J. H.*, t. 28, p. 322 ; mon *Suppl. alph. L. proc. civ.*, v° *Saisie-brandon*, n. 45, et mon *Formul. annot.*, t. 2, p. 569, note 6.

14

639. La notification faite à l'huissier, au moment où il va mettre en vente les meubles saisis, de la mainlevée par acte authentique de la saisie, consentie par le saisissant, oblige cet officier ministériel à s'abstenir de procéder à la vente ; et il ne peut y passer outre sans s'exposer à une peine disciplinaire, alors même, d'une part, que cette notification lui a été faite à la requête, non du saisissant, mais du saisi, et, d'autre part, que ce dernier refuse de lui payer les frais auxquels la saisie a donné lieu. Il suffit qu'un acte régulier lui ait révélé l'existence d'une mainlevée de la sincérité de laquelle rien ne l'autorise à douter, pour qu'il ne puisse plus user d'un droit dont son seul intérêt personnel ne saurait justifier l'exercice.

640. Un huissier manque évidemment à ses devoirs, lorsque, sans impossibilité justifiée, il n'assiste pas aux assemblées générales de sa communauté ; et cette faute le rend passible d'une peine disciplinaire. Bourges, 23 juill. 1827 (*J. H.*, t. 9, p. 23). A plus forte raison, en est-il ainsi pour l'huissier qui refuse ou néglige de paraître devant la chambre de discipline, où il est appelé pour s'expliquer au sujet de faits qui lui sont imputés. Compar. *suprà*, n° 271.

641. Le refus d'un huissier d'assister à l'assemblée générale annuelle constitue une faute disciplinaire, alors même que la convocation aurait eu lieu pour une date postérieure à celle du 15 octobre, indiquée comme limite extrême par l'art. 67 du décret du 14 juin 1813. En effet, bien que la stricte observation de cette disposition soit un devoir essentiel pour la chambre de discipline, cependant le décret précité n'y a attaché aucune sanction, et ce serait ajouter à ses dispositions que de poser en principe que la convocation pour une date postérieure à la

première quinzaine d'octobre doit être réputée non avenue. Rien n'autorise à croire que le délai fixé par l'art. 67 du décret de 1813 soit absolument fatal. Ce qui importe, c'est que la chambre et les officiers entrent en exercice le 1er novembre (même décret, art. 68). Il suffit donc, à la rigueur, pour la régularité de la convocation, qu'elle soit faite de façon à rendre ce résultat possible. Les huissiers convoqués ne sauraient, en conséquence, prétexter de ce que le jour indiqué est plus éloigné que le 15 octobre, pour refuser de prendre part à la réunion, si du moins ce terme n'a pas été tellement dépassé que l'entrée en exercice de la chambre et des officiers ne puisse pas avoir lieu à la date prescrite.

642. L'huissier qui a signifié un acte irrévérencieux envers la magistrature, par exemple, une sommation adressée au président du tribunal de déposer et de signer dans les vingt-quatre heures la minute d'un jugement tel qu'il a été prononcé à l'audience, avec réserve, s'il n'est pas satisfait à cette sommation, de se pourvoir par toutes les voies de droit et même par celle de l'inscription de faux, peut être frappé d'une peine disciplinaire. Trib. civ. de Draguignan, 13 août 1840 (*J. H.*, t. 22, p. 194).

643. L'action disciplinaire peut-elle atteindre l'huissier même pour des faits répréhensibles qui ne sortent pas du cercle de la vie privée? Sur ce point, je ne puis que renvoyer aux principes que j'ai exposés dans la 1re partie, nos 262 et suiv., et qui sont applicables à tous les officiers ministériels en général.

644. J'ajouterai toutefois ici, en résumant la solution donnée par moi à une question qui m'a été posée, que l'ivrognerie habituelle constitue assurément, de la part d'un huissier, comme nuisant à sa considération person-

nelle et comme portant par là même atteinte à l'honneur de la corporation, une faute disciplinaire qu'il appartient à la chambre de réprimer.

645. L'insertion que des huissiers de canton ont fait faire dans des journaux d'une supplique adressée par eux au tribunal pour être admis à bénéficier des significations pour lesquelles il y a lieu à commission d'huissier, ne peut être considérée comme un manquement aux règles de la discipline. Vainement, pour lui attribuer ce caractère, arguerait-on de ce qu'elle a eu lieu sans communication préalable à la chambre. Il ne s'agissait point là d'un débat dans lequel la chambre eût à exercer son pouvoir de conciliation.

646. Un arrêt de la Cour de Gand du 17 juin 1874 (*J. H.*, t. 56, p. 113) a jugé qu'il n'y a pas faute de discipline de la part de l'huissier qui, en exécution d'un mandat qu'il avait reçu par lettre et qui a été reconnu plus tard être l'œuvre d'un faussaire, a procédé à un acte de son ministère sans s'assurer de l'identité du mandant, alors que cet huissier, dont la conduite n'a jamais donné lieu à aucune plainte, a été d'une entière bonne foi, et que d'ailleurs le faux mandat n'a causé aucun préjudice. — Cette décision peut être considérée comme juste au fond, en raison des circonstances particulières de la cause. Mais, en règle générale, d'une part, l'huissier commet une faute en négligeant de s'assurer de l'identité des parties pour lesquelles il instrumente (Voy. ci-dessus, n° 401); et, d'autre part, l'absence de préjudice ne fait pas obstacle à l'exercice de l'action disciplinaire (*Suprà*, n° 341.

647. L'engagement que prend un huissier de payer une somme d'argent à une personne, en retour de la promesse que lui fait celle-ci de ne pas dénoncer une faute

disciplinaire dont il s'est rendu coupable à son préjudice, est nul comme ayant une cause illicite. Lyon, 20 déc., 1862, motifs (*J. H.*, t. 44, p. 330).

648. Il n'y a pas seulement faute disciplinaire, il y a délit d'escroquerie de la part de l'huissier qui comprend sciemment, dans un dossier soumis à la taxe, un acte étranger à la procédure qu'il a faite à la requête de ses clients, et qui, au moyen de la taxe ainsi surprise, se fait remettre par ceux-ci une somme représentant des frais imaginaires et auxquels il n'avait aucun droit. Cass., 22 fév. 1877 (*J. H.*, t. 60, p. 272 ; S. 77. 1. 440).

Relativement à la perception d'émoluments excessifs, je n'ai qu'à renvoyer à ce que j'ai dit dans la 1re partie, n°s 292 et suiv.

649. Ce n'est pas non plus un simple fait de discipline, c'est une tentative d'escroqueie que l'on doit voir dans le fait de l'huissier qui, au lieu d'informer son client du recouvrement qu'il a opéré pour son compte du montant d'une créance, lui suggère frauduleusement des doutes sur la solvabilité de son débiteur, libéré depuis longtemps, et lui propose finalement de devenir acquéreur du montant de cette créance pour un prix de beaucoup inférieur à sa valeur réelle. Même arrêt.

650. Et il y a certainement abus de confiance de la part de l'huissier qui, s'étant approprié le montant d'une créance recouvrée par lui, n'en a fait la restitution qu'après plusieurs sommations et son renvoi devant le tribunal correctionnel par le juge instructeur. Liège, 22 mars 1839 (Dalloz, *Répert.*, v° *Huissier*, n° 110).

651. L'huissier qui conserve entre ses mains des sommes de nature à être versées dans la Caisse des dépôts et consignations, doit être dénoncé par le procureur de la République au ministre de la justice, pour que sa

destitution soit proposée au chef de l'Etat (Ordonn. 3 juillet 1816, art. 10).

652. Il est hors de doute que l'huissier qui présente sous sa propre signature et sans l'intervention d'un avoué, une requête pour être autorisé à former une saisie-revendication, se rend coupable du délit de postulation illicite. Chauveau, quest. 2816.

653. Mais il n'y a pas postulation illicite devant le tribunal de commerce, de la part d'un huissier, dans le fait d'avoir rédigé des conclusions, mis des causes au rôle et requis des expéditions de jugements. Trib. civ. de Marseille, 6 juin 1872 (*J. H.*, t. 55, p. 93). — Compar. *suprà*, n° 636.

§ 2. — PEINES APPLICABLES AUX FAUTES DISCIPLINAIRES.

654. J'ai indiqué dans la première partie, n°ˢ 302 et suiv., les peines disciplinaires que peut prononcer, aux termes des art. 102 et 103 du décret du 30 mars 1808, le tribunal civil, statuant soit en la chambre du conseil, pour les fautes qui n'ont été ni commises, ni découvertes à l'audience, soit en audience publique, pour les faits qui s'y sont passés ou y ont été découverts. Ces dispositions concernent les huissiers aussi bien que les avoués ; je n'ai donc pas à y revenir ici. Il me reste seulement à entrer dans quelques détails particuliers aux huissiers, à l'égard des deux peines disciplinaires les plus graves, la suspension et la destitution.

655. La peine de la suspension est édictée spécialement par la loi contre l'huissier dans les cas particuliers ci-après : trouble causé à l'audience (Cod. proc. civ., 90); mandat excédé (*Id.*, 132); procédures et actes nuls ou frustratoires; actes ayant donné lieu à une condamnation

à l'amende (*Id.*, art. 1031); perception de droits plus forts que ceux alloués par le tarif (Décr. 16 févr. 1807, art. 66 et 151 ; Décr. 5 nov. 1851, art. 5); omission de l'indication du coût des actes au bas de l'original et des copies (Décr. 16 févr. 1807, art. 66); contravention à la défense faite à l'huissier de se rendre, directement ou indirectement, adjudicataire des objets mobiliers qu'il est chargé de vendre (Décr. 14 juin 1813, art. 38); récidive de l'infraction à la prohibition des copies incorrectes ou illisibles ou contenant un nombre de lignes ou de syllabes supérieur à celui fixé par la loi (*Id.*, art. 44); infraction à la prescription de remettre personnellement les copies d'exploits (*Id.*, art. 45).

656. L'huissier frappé de la peine de la suspension ne peut plus faire ni directement ni indirectement aucun des actes du ministère de l'huissier; et il s'exposerait à voir cette peine se changer en destitution, s'il se servait du nom d'un confrère pour instrumenter au mépris de la décision qui l'a suspendu de ses fonctions. Compar. Trib. civ. d'Evreux, 23 mai 1846 (*J. H.*, t. 27, p. 233); Dalloz, n° 294.

657. L'huissier qui refuse, sans motif valable et au mépris de l'injonction du président du tribunal ou du juge de paix, d'instrumenter à la requête d'un particulier, encourt la destitution (Décr., 18 juin 1811, art. 85 ; Décr. 14 juin 1813, art. 42). — Compar. *suprà*, n°s 398 et suiv.

658. Cette peine est également encourue par l'huissier dans les cas suivants, que prévoient expressément certaines dispositions légales : tenue sans autorisation d'auberge, café, cabaret, etc., même sous le nom de la femme de l'huissier (Décr. 14 juin 1813, art. 41); défaut de remise de copie des protêts ou d'inscription de

ces actes sur un registre particulier (Cod. comm., 176) ; substitution d'un huissier d'une autre résidence pour obtenir un droit de transport qui n'était pas dû (Décr. 14 juin 1813, art. 36) ; perception de droits plus forts que ceux alloués par le tarif (Décr. 18 juin 1811, art. 64 et 86 ; Décr. 5 nov. 1851, art. 5).

659. La destitution pourrait encore être prononcée contre un huissier qui signifierait des exploits contraires aux lois ou aux actes du gouvernement. Arrêté du 29 niv. an XI ; Morin, *Discipl. des Cours et trib.*, t. 1er, p. 227, note 6.

660. Le tribunal, statuant disciplinairement, ne peut incontestablement prononcer d'autres peines que celles qui sont textuellement édictées par la loi. Ainsi, il ne saurait lui appartenir d'ordonner que son jugement sera lu à tous les membres de la compagnie convoqués à cet effet en assemblée générale. Compar. Douai, 13 fév. 1843 (*J. H.*, t. 24, p. 372).

661. Les peines de discipline que la chambre des huissiers peut infliger elle-même sont, aux termes de l'art. 71 du décret du 14 juin 1813 : 1° le rappel à l'ordre ; 2° la censure simple par la décision même ; 3° la censure avec réprimande par le syndic à l'huissier en personne dans la chambre assemblée ; 4° l'interdiction de l'entrée de la chambre pendant six mois au plus.

662. Il est d'évidence que la chambre de discipline n'a, pas plus que le tribunal (Voy. ci-dessus n° 660), le droit d'appliquer d'autres peines que celles spécifiées dans la loi. Il n'est pas moins certain qu'elle ne saurait être autorisée à faire un règlement traçant aux huissiers de l'arrondissement la conduite à tenir dans des circonstances données, et stipulant que les contrevenants seraient punis de peines disciplinaires. Cass. 24 juil. 1832

(*J. H.*, t. 13, p. 243 ; S. 32. 1. 546); Décis. du ministr. de la just., 21 avril 1845 ; Morin, t. 1er, n° 295.

663. Sur le mode d'exécution des décisions de la chambre prononçant des peines disciplinaires, je renvoie aux explications données dans l'*Encyclop. des huiss.*, v° *Chambre de discipl.*, n°ˢ 156 et suiv.

664. L'art. 64 du décret du 18 juin 1811, rendu applicable aux huissiers par l'art. 86, tout en édictant, dans le cas de contravention à la défense d'exiger d'autres ou de plus forts droits que ceux qui leur sont alloués par le tarif, la peine de la destitution et une amende de 500 à 6,000 fr., réserve l'application, suivant la gravité des cas, des dispositions de l'art. 174, Cod. pén., relatives à la concussion des fonctionnaires publics. Et cette application a été faite quelquefois par la jurisprudence. Voy. Cass., 15 juill. 1808 ; 15 mars 1821 et 7 avril 1842 (Dalloz, v° *Forfaiture*, n° 67).

665. J'ai dit dans la première partie, n° 309, que, d'après la jurisprudence de la Chancellerie, le recours en grâce n'est pas admissible en matière disciplinaire. Le lecteur voudra bien se reporter aux indications de décisions et d'auteurs que j'ai données sous ce numéro.

§ 3. JURIDICTIONS DISCIPLINAIRES. — COMPÉTENCE.

666. La chambre de discipline des huissiers est chargée d'appliquer elle-même les peines de discipline établies par l'art. 71 du décret du 14 juin 1813 (Voy. *suprà*, n° 661), et de dénoncer au procureur de la République les faits qui donneraient lieu à des peines disciplinaires excédant la compétence de la chambre, ou à d'autres peines plus graves (même décret, art. 70).

667. L'application que fait la chambre de discipline des huissiers des peines qu'il lui appartient de prononcer, et que l'on désigne généralement sous le nom de peines de discipline intérieure, ne préjudicie point à l'action des parties intéressées, ni à celle du ministère public (Décr. 14 juin 1813, art. 72); en sorte que, malgré la décision prise par la chambre, le tribunal peut encore, de son côté, statuer disciplinairement sur les mêmes faits.

668. C'est le tribunal, réuni en assemblée générale à la chambre du conseil, qui arrête les mesures de discipline à prendre sur les plaintes des particuliers, ou sur les réquisitions du ministère public, à raison de faits imputés aux huissiers qui ne se seraient point passés ou n'auraient pas été découverts à l'audience (Décr. 30 mars 1808, art. 103, § 2). Ces mesures ou peines disciplinaires sont celles que détermine l'art. 102 du décret de 1808. Voy. *suprà*, nᵒˢ 302 et suiv., et 654.

669. Quant aux fautes de discipline qui ont été commises ou découvertes à l'audience d'une Cour ou d'un tribunal, il y est statué publiquement par les juges siégeant à cette audience (Décr., 30 mars 1808, § 1ᵉʳ).

670. Il semble inutile de dire, tellement est claire et formelle la disposition de l'art. 103, § 2, du décret du 30 mars 1808, que le tribunal n'a pas le droit de statuer publiquement dans la forme d'un jugement ordinaire, sur une faute de discipline imputée à un huissier, qui n'a été ni commise, ni découverte à l'audience. Cependant la Cour de cassation s'est trouvée dans le cas de faire respecter cette règle. Arrêt du 13 mars 1827 (*J. H.*, t. 8, p. 325).

671. Le tribunal, en pareil cas, commet un excès de pouvoirs, alors même que le ministère public et l'inculpé ont été entendus en la chambre du conseil. Ce n'est que

par l'assemblée générale du tribunal, statuant en la chambre du conseil, que la décision peut être valablement rendue. Cass., 15 janv. 1883 (*J. H.*, t. 64, p. 323 ; S. 83. 1. 160).

672. Le tribunal, réuni en assemblée générale à la chambre du conseil, n'a pas compétence pour condamner un huissier à l'amende, à la restitution et aux dommages-intérêts, à raison de faits relatifs à ses fonctions, parce qu'une telle condamnation sort évidemment de la classe des mesures de simple discipline. Cass., 3 mars 1829 (*J. H.*, t. 10, p. 230 ; S., coll. nouv., 9. 1. 241). Et, à plus forte raison, est-il incompétent pour prononcer la peine d'emprisonnement contre un huissier. Cass., 17 nov. 1830 (*J. H.*, t. 12, p. 85 ; S., coll. nouv., 9. 1. 594).

673. D'un autre côté, et à l'inverse, le droit de prononcer des peines de discipline contre huissiers pour des faits qui ne se sont point passés ou n'ont pas été découverts à l'audience, ne saurait appartenir au tribunal correctionnel ; le tribunal civil seul est investi de ce pouvoir. Grenoble, 16 mai 1827 (Dalloz, v° *Discipl. judic.*, n° 50).

674. D'après ce principe, on doit décider que l'infraction commise par un huissier à la défense que fait l'art. 35 du décret du 14 juin 1813, sous peine d'une amende de 20 à 100 fr., de percevoir plusieurs droits de transport pour des actes faits dans une même course, ne peut donner lieu qu'à une action devant le tribunal civil, et serait à tort déférée au tribunal correctionnel, parce que l'amende a, ici, le caractère d'une peine de discipline. Cass., 22 mai 1828 (S., coll. nouv., 9. 1. 101). — Sur l'étendue du pouvoir disciplinaire des tribunaux, Voy. encore *suprà* 1re partie, n°s 328 et suiv.

675. Le tribunal civil, saisi d'une action en dommages-intérêts formée contre des huissiers par leurs confrères

de la même ville, à raison de faits de concurrence illicite, sort des limites de sa compétence en interdisant aux premiers certains agissements comme contraires aux règlements de leur profession. Trib. civ. de Lyon, 31 mars 1876 (*J. H.*, t. 57, p. 156).

676. Les juges de paix n'ont aucun pouvoir disciplinaire sur les huissiers de leur canton; le seul droit dont ils soient investis à leur égard est celui qu'ils tiennent de l'art. 19 de la loi du 25 mai 1828, et qui consiste à leur interdire, en cas d'infraction aux art. 16, 17 et 18 de la même loi, de citer devant eux pendant un délai de quinze jours à trois mois. — ussi la Cour de cassation a-t-elle annulé une décision par laquelle un juge de paix, prétendant appliquer l'art. 74 du décret du 14 juin 1813, avait prononcé contre un huissier la peine de la suspension pour avoir exigé des droits excédant ceux alloués par le tarif. Cass., 18 janv. 1841 (S. 41. 1. 318).

677. Il n'appartient pas davantage au juge de paix de condamner un huissier à l'amende, sous prétexte de répression disciplinaire, pour des faits accomplis devant lui. Une semblable condamnation ne peut être prononcée, aux termes de l'art. 73 du décret du 14 juin 1813, que par le tribunal civil du lieu de la résidence de l'huissier. Cass. 16 janv. 1844 (*J. H.*, t. 25, p. 96 ; S. 44. 1. 354).

678. Les fautes qu'un huissier a commises dans une procédure de première instance peuvent-elles être réprimées disciplinairement par la Cour saisie de l'appel du jugement rendu sur cette procédure ? L'affirmative a été admise par un arrêt de la Cour de Caen du 27 déc. 1843 (*J. H.*, t. 25, p. 82), qui déclare que la disposition de l'art. 103 du décret du 30 mars 1808, d'après laquelle, dans les Cours et dans les tribunaux de première instance,

chaque chambre connaît des fautes de discipline *commises ou découvertes à son audience*, « est générale et n'admet point de distinction, et qu'en pareil cas, la circonstance de la découverte à l'audience des faits reprochés, est seule attributive de compétence ; que les huissiers tenteraient inutilement de puiser une exception à leur égard dans les art. 73 et 74 du décret du 14 juin 1813, puisque l'article qui suit immédiatement dit formellement qu'il n'est dérogé à aucune des dispositions des art. 102, 103 et 104 du décret du 30 mars 1808 ». A ces motifs, l'arrêt ajoute une dernière considération tirée de la plénitude de juridiction dont les Cours d'appel sont investies au respect des officiers ministériels établis dans l'étendue de leur ressort.

679. Mais j'ai montré dans la première partie, n°s 315 et 316, qu'une semblable doctrine est inadmissible, et que la Cour de cassation l'a condamnée par des arrêts rendus, à la vérité, au sujet de fautes imputées à des avoués, mais dont les motifs s'appliquent à tous les officiers ministériels indistinctement, comme la disposition elle-même de l'art. 103 du décret de 1808, dont ils précisent la portée.

680. La suspension des huissiers ne peut être prononcée que par les Cours et tribunaux auxquels ils sont respectivement attachés (Décr. 14 juin 1813, art. 74).

681. Quant à la destitution de ces officiers ministériels, elle ne peut être prononcée ni par la chambre de discipline, ni par le tribunal ; au gouvernement seul est réservée l'application de cette peine. Voy. *suprà*, n° 320. Mais la destitution peut du moins être provoquée par le tribunal (Décr. 30 mars 1808, art. 102 *in fine*).

682. Des auteurs estimables soutiennent que le gouvernement ne peut pas prononcer la destitution d'un of-

ficier ministériel *proprio motu*, c'est-à-dire sans que cette mesure ait été provoquée par un jugement ; mais l'opinion contraire de la Chancellerie est si fermement arrêtée et trouve d'ailleurs un si fort appui dans la jurisprudence de la Cour suprême (arrêt du 11 avril 1835, *J. H.*, t. 16, p. 129 ; S. 35. 1. 246) et dans celle du Conseil d'Etat (décis. du 10 déc. 1846, S. 47. 2. 184), qu'on ne saurait songer à la combattre. Consult. à cet égard M. Morin, t. 1ᵉʳ, n° 145, et t. 2, n° 731, et surtout M. Perriquet, *Tr. des Offices ministériels*, nᵒˢ 657 et suiv. — Compar. *suprà*, n° 320.

§ 4. — EXERCICE ET DURÉE DE L'ACTION DISCIPLINAIRE. — INSTRUCTION.

683. La chambre ne peut faire l'application des peines de discipline intérieure qu'après avoir entendu l'huissier inculpé, qui a dû être préalablement cité devant elle, ou faute par lui d'avoir comparu dans le délai de la citation. Ce délai doit être de cinq jours au moins (Décr. 14 juin 1813, art. 80).

684. La citation est donnée par une simple lettre indicative de l'objet de la poursuite, signée du rapporteur, et envoyée par le secrétaire, qui en prend note sur un registre tenu à cet effet (Même décret, art. 81).

685. Un huissier ne peut non plus être jugé disciplinairement par le tribunal qu'après avoir été cité à la requête du ministère public (Décr. 30 mars 1808, art. 103, § 2), à moins qu'il ne s'agisse de la répression d'une faute commise ou découverte à l'audience, répression que le tribunal a le droit de prononcer, même en l'absence de réquisition de la part du magistrat du parquet.

686. D'après un certain nombre d'arrêts, les pour-

suites disciplinaires ne comportent l'application que des règles de la procédure civile, et nullement celle des règles de l'instruction criminelle. Voy. notamment Cass., 6 janv. 1835 (S. 35. 1. 16) et 16 mai 1844 (S. 44. 1. 561); Caen, 6 déc. 1858 (*J. du Min. publ.*, 2. 66); Gand, 5 avril 1866 (*Id.*, 9. 322). Tandis que, selon quelques autres décisions, l'action disciplinaire devrait, au contraire, être introduite et suivie dans les formes et délais des poursuites correctionnelles. Voy. Dijon, 5 déc. 1844 (D. p. 45. 1. 138); Montpellier, 6 juin 1843 (Journ. de cette Cour, n° 115) et 27 déc. 1852 (S. 53. 2. 9); Bruxelles, 27 déc. 1865 (*J. du Minist. publ.*, 9. 150). Mais la jurisprudence la plus générale, s'attachant à cette idée, fort juste selon moi, que l'action disciplinaire se distingue tout à la fois des actions civiles ordinaires et de l'action publique, et constitue une poursuite *sui generis*, décide qu'elle n'est soumise absolument ni aux formes de l'instruction criminelle ni à celles de la procédure civile, qu'une grande latitude est accordée par la loi pour le mode d'exercice du pouvoir disciplinaire, et qu'il appartient aux juges d'apprécier si les procédés suivant lesquels cet exercice s'est accompli ont suffisamment respecté les principes essentiels en toute procédure, tels que le droit de défense, la nécessité d'une mise en demeure pour faire courir les délais, etc. Voy. en ce sens, Cass., 30 déc. 1824; 23 avril 1839 (S. 39. 1. 472); 7 juin 1847 (S. 47. 1. 607); 23 janv. 1855 (S. 55. 1. 415); 10 mai 1864 (S. 64. 1. 359) et 10 juill. 1869 (*J. H.*, t. 51. p. 148); Rennes, 21 déc. 1843 (Dalloz, v° *Discipl. judic.*, n° 92); Angers, 14 nov. 1855 (D. p. 55. 2. 28). — Conf., Dalloz, *verb. cit.*, n°ˢ 87 et suiv.; mon *Mémorial du Ministère public*, v° *Discipline*, n° 26.

687. Rien ne s'oppose à ce que l'huissier poursuivi disciplinairement, soit devant la chambre, soit devant le

tribunal, en chambre du conseil, se fasse assister par un défenseur. Voy. Trib. civ. de Draguignan, 13 août 1840 (*J. H.*, t. 22, p. 194); Dalloz, v° *Discipline*, n° 90 ; Morin, t. 2, p. 315 et 316.

Sur l'exercice et l'instruction de l'action disciplinaire, Voy. encore *suprà*, 1ʳᵉ partie, nᵒˢ 341 et suiv.

688. L'action disciplinaire ne se prescrit pas. Voy. ci-dessus, 1ʳᵉ partie, n° 361.

689. La démission, non encore acceptée, d'un huissier ne le fait pas échapper au pouvoir disciplinaire. Voy. *suprà*, n° 360. Mais l'action disciplinaire est éteinte par le remplacement de l'officier ministériel inculpé et l'installation de son successeur. Cass., 11 juill. 1827 (S., coll. nouv., 8. 1. 657) ; Trib. civ. de Wassy, 23 nov. 1838 (*J. H.*, t. 20, p. 154).

Le décès de l'huissier poursuivi disciplinairement met fin aussi, bien entendu, à l'exercice de l'action disciplinaire. Voy. *suprà*, n° 363.

§ 5. — Jugement de l'action disciplinaire.

690. J'ai exposé dans la première partie, nᵒˢ 364 et suiv., au sujet du jugement de l'action disciplinaire, des règles auxquelles je ne puis ici que renvoyer le lecteur. J'y ajouterai seulement les solutions qui suivent et qui regardent particulièrement les huissiers.

691. La décision prise par la chambre de discipline sur une plainte portée contre un huissier et ne concernant que lui seul, n'est pas soumise à l'homologation du tribunal ; cette homologation n'est exigée, aux termes de l'art. 64 du décret du 30 mars 1808, que pour les avis des chambres de discipline qui intéressent le corps des

officiers ministériels. Cass., 15 nov. 1867 (*J. H.*, t. 49, p. 243 ; S. 68. 1. 237).

692. Pour que l'huissier contre lequel la chambre a rendu une décision disciplinaire par défaut soit mis à même de former opposition à cette décision (Voy. *infrà*, n° 698), il est indispensable qu'elle lui soit notifiée.

693. Du reste, les décisions disciplinaires contradictoires ont elles-mêmes besoin d'être signifiées pour pouvoir être exécutées. Voy. *suprà*, n° 370. Et il a été jugé spécialement que l'acte fait par un huissier frappé de la peine de la suspension est valable, si le jugement qui prononce cette peine n'a pas été signifié à celui-ci. Cass., 25 nov. 1813 (*J. H*, t. 6, p. 260 ; S., coll. nouv., 4. 1. 474). Voy. aussi Morin, t. 2, n° 830 ; Dalloz, v° *Discipl. judic.*, n° 121.

694. La notification des décisions disciplinaires de la chambre ne peut être faite valablement que par exploit oupar lettre. Dalloz , n° 122.

§ 6. — Voies de recours contre les décisions disciplinaires.

695. Les décisions disciplinaires qui émanent de la chambre des huissiers ne sont susceptibles de recours, quant au fond, ni devant les tribunaux, ni devant le ministre de la justice. Mais elles pourraient être attaquées par la voie du recours en cassation, si elles contenaient une violation des règles de la compétence, un excès de pouvoirs ou un vice de forme. Dalloz, n°ˢ 278 et 279 ; Morin, t. 2, n° 791.

696. La délibération par laquelle la chambre de discipline des huissiers inflige un blâme à l'un de ces officiers ministériels pour avoir signifié, au nom du même requérant, au même défendeur, par exploits séparés, des de-

mandes qui auraient pu être groupées, et lui fait défense de pratiquer à l'avenir un semblable genre de procédure, est incontestement une décision disciplinaire, et elle échappe, par suite, à tout recours relativement aux peines qu'elle prononce.

697. Il importe de remarquer que les décisions de la chambre des huissiers qui prononcent des condamnations disciplinaires ne sont à l'abri de tout recours que dans le cas où elles sont rendues contradictoirement. Celles qui interviennent en l'absence de l'huissier inculpé, soit que celui-ci n'ait pas été appelé devant la chambre, soit qu'après avoir entendu ses explications, la chambre l'ait fait retirer, pour statuer en dehors de lui, peuvent, comme toutes les décisions par défaut en général, être attaquées par la voie de l'opposition. Dalloz, n° 123; Morin, t. 2, n° 778.

698. En ce qui concerne les voies de recours ouvertes contre les décisions disciplinaires des tribunaux, je dois renvoyer aux explications que j'ai données dans la première partie, n°ˢ 373 et suiv. Mais je signalerai, de plus, les décisions suivantes, qui ont appliqué, dans le cas de poursuites disciplinaires dirigées contre des huissiers, les principes que j'ai rappelés à l'endroit cité.

699. La décision d'un juge de paix qui prononce une amende contre un huissier, en vertu de l'art. 1030, Cod. proc. civ., pour avoir signifié des citations devant le tribunal de police, bien qu'il ne fût pas attaché à ce tribunal, ayant le caractère de décision disciplinaire, et non celui d'acte de la juridiction pénale, ne peut être déférée à la chambre criminelle de la cour de cassation. Cass. 10 fév. 1843 (S. 43: 1 .454).

700. La Cour suprême avait jugé, par un arrêt du 13 mars 1827 (*J. H.*, t. 8, p. 325), que la peine de la

suspension ne pouvant être que temporaire (Décr. 30 mars 1808, art. 102), le tribunal qui prononce contre un huissier une suspension indéfinie commet un excès de pouvoirs à raison duquel son jugement peut être frappé d'appel.

701. Mais, d'après une jurisprudence qui paraît aujourd'hui bien établie, malgré les critiques qu'elle peut soulever, les décisions par lesquelles le tribunal, en la chambre du conseil, prononce une peine disciplinaire contre des officiers ministériels, et, par exemple, contre des huissiers, ne sont sujettes ni à appel ni à recours en cassation, même pour cause d'incompétence ou d'excès de pouvoirs ; au ministre de la justice seul il appartient de prononcer sur les réclamations dont une telle décision peut être l'objet. Voy. Cass. 18 nov. 1873 (*J. H,*, t. 56, p. 54 ; S. 74. 1. 421), et les autres décisions mentionnées *suprà*, 1ʳᵉ partie, nᵒˢ 375 et 376.

702. Et il a été jugé, spécialement, qu'un huissier ne peut interjeter appel de la décision par laquelle le tribunal, réuni en assemblée générale à la chambre du conseil, le suspend à temps de ses fonctions par mesure de discipline à raison d'un fait qui n'a été ni commis ni découvert à l'audience ; mais qu'il a seulement la faculté de soumettre ses réclamations au ministre de la justice, la voie de l'appel n'étant ouverte que dans le cas où la suspension est prononcée par un jugement rendu en audience publique. Nîmes, 31 janv. 1831 (*J. H.*, t. 12, p. 221).

703. La suspension ne pouvant, comme toute autre peine, être prononcée contre l'huissier que dans un intérêt d'ordre public et nullement dans l'intérêt des parties qui auraient à se plaindre des agissements de cet officier ministériel, il est manifeste, par exemple, que l'huissier suspendu de ses fonctions par un jugement

de première instance, pour avoir pratiqué une saisie vexatoire, n'est pas recevable à interjeter appel de ce jugement contre le saisi. Et il en est ainsi surtout quand ce dernier n'a pris aucunes conclusions contre l'huissier, et que c'est d'office ou sur la réquisition du ministère public que le tribunal a prononcé la suspension. Bruxelles, 10 nov. 1849 (S., coll. nouv., 6. 2. 148).

704. Lorsque, à l'occasion d'une demande en dommages-intérêts formée devant le tribunal par des huissiers contre un de leurs confrères, le ministère public relève à la charge de ce dernier des infractions découvertes à l'audience, à raison desquelles il requiert contre lui une peine disciplinaire, le jugement qui statue à la fois sur la demande principale et sur les réquisitions du ministère public, contient deux décisions distinctes, indépendantes l'une de l'autre; en sorte que la recevabilité de l'appel interjeté du chef de la première n'empêche pas que l'appel interjeté du chef de la seconde ne puisse être déclaré non recevable. Montpellier, 7 mars 1867 (*J. H.*, t. 48, p. 185).

705. Un arrêt de la Cour de Douai du 13 sept. 1834 (*J. H.*, t. 17, p. 29), posant en principe que les formes de la procédure civile sont celles qui doivent être observées dans les instances en matière disciplinaire, a décidé que l'appel d'un jugement statuant disciplinairement ne peut être valablement interjeté par une déclaration au greffe, comme en matière correctionnelle; mais qu'il doit l'être par exploit signifié au ministère public, s'il émane de l'officier ministériel condamné, et par exploit signifié à la personne ou au domicile de cet officier ministériel, s'il est formé par le ministère public.

706. Mais on a vu plus haut, n° 686, que, d'après l'opinion dominante, l'exercice de l'action disciplinaire

n'est soumis à aucunes formes déterminées. L'appel pourrait donc être interjeté valablement suivant un mode autre que celui prescrit par l'art. 456, Cod. proc. civ.

707. Dans le silence du décret de 1813, il semble raisonnable d'attribuer au délai de l'opposition contre les décisions par défaut de la chambre de discipline la même durée qu'au délai fixé par l'art. 80 pour la comparution devant la chambre, et de décider que l'opposition doit être formée dans les cinq jours à partir de la notification de la décision.

708. Le délai de l'opposition, quelle que soit sa durée, ne court point tant que la décision n'a pas été régulièrement notifiée à l'huissier contre lequel elle a été rendue.

709. L'opposition peut être faite par une simple lettre adressée au syndic, lequel informe ensuite l'opposant, aussi par simple lettre, du jour où il y sera statué par la chambre (Arg. art. 81). — *Encycl. des huiss.*, v° *Chambre de discipline*, n° 147.

TABLE DES DIVISIONS DE L'OUVRAGE

Versailles. — Imp. E. Aubert, 6, avenue de Sceaux.

9 782019 252557